統計と地図の見方・使い方

データから現象や課題と解決策をさぐろう

[監修] 渡辺美智子

PHP

はじめに

みなさんは、課題学習や自由研究は得意ですか？　夏休みや冬休み、学校の宿題で課題学習や自由研究の題材選びや具体的なやり方がわからず、困ったことはありませんか？　どうすれば、課題学習や自由研究をうまく仕上げることができるのでしょうか？　この本は、そんなみなさんの疑問に答えるためにつくられています。

課題学習や自由研究では、テーマを決めて調べたり、探究したりすること、そして、考えたこと、わかったことをまとめ、わかりやすく表現し、みんなに伝えることが大切です。そのときに、この本のタイトルにある「統計」がきっと必要になってきます。

調べたいテーマには、身のまわりのこと、好きなスポーツや趣味、昆虫や動物のこと、住んでいる町のこと、社会や経済、自然や気象、災害、日本のことや世界のことなど、さまざまあるでしょう。でも、どのテーマを選んでも、それがどうなっているのかを調べるとき、必ず、「データ」を収集することになります。また、図鑑や本・インターネットで資料を調べたり、アンケートなどの調査や自然観察をしたり、実験をしたりと、テーマについて探究する方法はちがっても、そこには、「データ」や「統計資料」がたくさん出てきます。

これらのデータを統計グラフでまとめるときに、統計資料からその意味する内容を読み取れないと、そこで課題学習や自由研究が止まってしまうことになります。でも逆に、その方法を知っていると、課題学習や自由研究はすいすいとおもしろいように進んでいきます。

そのためにこの本ではまず、この聞き慣れない「統計」とは何かを知るために、「サッカーの試合で勝つためにはどうすればいいか」という身近な例で、統計を使って問題解決する方法をわかりやすく説明しています。それから、統計データの集め方から整理のしかた、統計表や統計グラフのつくり方を、使いこなすという視点で解説しています。

そして最後に、今、最も大切な「統計地図」の使い方について説明しています。コンピュータの発展で、統計データと地図を組み合わせた資料は、わたしたちのくらしにとても役立つ情報を提供してくれるツール(道具)となっています。

災害状況を調べたり、復興に向けて何をしたらいいのか、何が不足しているのかを調べたり、最近では、地域の状況を分析するときにも、統計地図が大活躍しているのです。そのため、小学校から中学校、高校まで、教科書のなかでたくさん取りあつかわれるようになってきています。

このように、この本の内容をひと通り学ぶことで、ただ課題学習や自由研究の宿題がうまくできるというだけでなく、大人になって研究や仕事をするときにもたいへん役立つ大事な能力が身につきます。データや統計資料を活用し課題を解決する能力は、21世紀型スキルとして、今、世界中で熱心に育成されているもので、ビッグデータ処理やデータサイエンス、人工知能やロボットの理解にもつながる未来型の能力です。

この本での学習を通して、みなさんの統計データ活用能力が向上し、苦手な課題学習や自由研究が楽しくスムーズに進められるようになることを期待しています。

渡辺美智子

もくじ

統計と地図の見方・使い方

第1章　統計って、何だろう？

第2章　統計データを整理しよう

第3章 表とグラフを使いこなそう

第4章 統計と地図を使いこなそう

第1章

統計って、何だろう？

1 統計って、どんなもの？

統計とは

みなさんは、「君のクラスってどんなクラスなの？」とたずねられたとき、さっと答えることができますか。

クラスのなかの一人一人のことなら、答えられるかもしれません。好きな食べ物、スポーツ、苦手なこと……。でも、クラス全体で、いちばん人気がある食べ物やスポーツは何かといったことを、すぐに正しく答えられる人は少ないのではないでしょうか。

たくさんの人の集まりの性質や特ちょうがどんなものか、という疑問に答えてくれるのが、統計です。

統計とは、たくさんのデータを集めてまとめ（統一）、そこから性質や特ちょうを見つけ出す（計る）ことです。また、性質や特ちょうを表す数値そのものを指すこともあります。

クラスで人気の食べ物とスポーツを知る方法

まず、「クラスで人気の食べ物とスポーツは何か」というテーマで、クラスの特ちょうを考えてみましょう。

データを集める

右のようなアンケート用紙（質問用紙）をつくって、クラスのみんなに回答してもらいます。このみんなの回答が「データ」になります。このように紙に記入してもらうと、一人一人に聞いてまわる必要もなくなり、データを整理しやすくなります。なお、こうしたアンケートでは、まとまりの特ちょうがわかればよいので、名前を書いてもらう必要はありません。しかし、性別や年齢（さまざまな年齢の人がいるグループでおこなう場合）を記入してもらっておくと、性別や年齢でのちがいも調べることができます。

アンケート用紙

どちらかを、○で囲んでください。　（男・女）

①いちばん好きな食べ物を書いてください。
（　　　　　　　　　　）

②いちばん好きなスポーツを書いてください。
（　　　　　　　　　　）

▲アンケート用紙の例

データを集計・整理する

8ページのアンケートの回答を男女別に分けて集計してみます。

●男子

すし	正 丅	7人
ラーメン	正 一	6人
カレー	下	4人

⋮

●女子

すし	正 下	8人
ラーメン	下	4人
カレー	下	3人

⋮

好きな食べ物と好きなスポーツについて、それぞれ男女別に集計し、多い順に並べたのが下の表です。

好きな食べ物ランキング

●男子

順位	食べ物	人数(人)
第1位	すし	7
第2位	ラーメン	6
第3位	カレー	4
第4位	焼肉	3
第5位	ハンバーグ	2
	その他	2

●女子

順位	食べ物	人数(人)
第1位	すし	8
第2位	ラーメン	4
第3位	カレー	3
第4位	ハンバーグ	2
第4位	さしみ	2
	その他	3

好きなスポーツランキング

●男子

順位	スポーツ	人数(人)
第1位	サッカー	8
第2位	野球	6
第3位	ドッジボール	3
第3位	かけっこ	3
第5位	水泳	2
	その他	2

●女子

順位	スポーツ	人数(人)
第1位	なわとび	7
第2位	鉄棒	5
第3位	水泳	4
第4位	かけっこ	3
第5位	ドッジボール	2
	その他	1

「好きな食べ物」の第1～第3位は男女とも同じです。このクラスでは、好きな食べ物に、性別で大きなちがいはないと考えてよいでしょう。では、「好きなスポーツ」はどうでしょうか。「好きなスポーツ」は、男女で大きなちがいがあります。男子はサッカーや野球など、団体競技が上位をしめていますが、女子の場合、団体競技は第5位のドッジボールだけです。

世の中にはさまざまな種類の統計があり、このアンケートはほんの一例にすぎません。ただ、見えていなかったことが統計によって明らかになるという点では、ほとんど共通しています。

2

さまざまな統計

統計調査の2つの種類

8～9ページで紹介した「好きな食べ物」「好きなスポーツ」のアンケートで、クラスの特ちょうを考えることができました。統計を使えば、クラスだけでなく、町や国などのもっと大きなまとまりや未来のことなど、さまざまなことがわかります。

こんな疑問にも統計が答えてくれる？

1. 現在、人口がいちばん少ない都道府県は？
2. 世界でいちばん多く自動車を生産している国は？
3. 日本で、昨日、いちばんたくさん雨が降った地域は？
4. 昨夜、日本でいちばん多くの人が見たテレビ番組は？
5. 次の総選挙で、○○党のA氏が当選する可能性は？
6. 今の生活に満足している国民の割合は？

上の1～6の項目は、すべて統計で答えることができます。

しかし、「本当かな」と疑問に思う人もいるのではないでしょうか。クラスであれば、全員にアンケートを取ることもできます。しかし、4のように、「昨夜、日本でいちばん多くの人が見たテレビ番組」となると、国内でテレビを見た人すべてにアンケートを取らなくてはなりません。そんなことができるのでしょうか。もちろん、お金と時間をかければできないことはありませんが、とても大変な作業になります。そこで、ある集団のなかから、一部の人をぬき出して調査し、全体のようすを推測する方法がとられます。

統計のデータの取り方は、次の2つに大きく分けることができます。

全数調査＝調べたい集団の全体を対象にして調査する。

標本調査＝調べたい集団の一部を対象にして調査する。

全数調査

❶「人口がいちばん少ない都道府県」は、国がおこなっている「国勢調査」によってわかっています。正解は、約57万4000人の鳥取県（2015年）。❷と❸も同じく各種の調査によって、はっきりとした数字が出ています。これが全数調査です。8～9ページの「好きな食べ物」「好きなスポーツ」も、クラス全員のデータ（アンケート）を整理したもので、これも全数調査になります。

「国勢調査」は人口や世帯（同じ家にくらすひとつの家族）の実態を明らかにする調査で、質問項目はさまざまです。第1回の調査は1920年で、その後、ほぼ5年ごとに実施されています。調査の目的は、人々がどのようなくらしをしているのかを明らかにし、住みよい国、都市、町、村をつくることです。「国勢調査」の分析結果が、福祉、教育、防災、環境対策などにいかされます。

標本調査

❹「いちばん多くの人が見たテレビ番組」は、「視聴率」によってわかります。テレビ番組の視聴率は、テレビを持っている世帯や個人のうち、どれくらいの人が番組を見たかということを表すものです。

テレビに専用の機械を取りつけて、いつどんな番組を見たかをデータにしたり、いつ、どの番組を見たかをアンケートに記入してもらったりして調べます。すべてのテレビに専用の機械をつけたり、すべての人に毎日、アンケートを取ったりすることはできないので、視聴率は、全数調査ではなく、標本調査によって得られます。

標本調査では、地域や年齢、性別などにかたよりがでないように調査対象が選ばれます。標本調査で選ばれた調査対象のことを「標本（サンプル）」といいます。

❺「当選する可能性」も、新聞社などがおこなっている標本調査から、推測することができます。これらの調査は、投票前に、選挙区のなかから電話番号をぬき出し、その番号に電話をかけて投票先を質問する「事前調査」や、投票日当日に投票所の出口で、一部の人に投票先を質問する「出口調査」です。

❻「今の生活に満足している国民の割合」も、国がおこなう「国民生活に関する世論調査」によってわかります。「国民生活に関する世論調査」は、個人を対象にした大規模なもので、国民がどのような意識や要望をもっているかを知り、それを行政の資料とするためにおこなわれます。これも、全数調査ではなく標本調査です。

世論調査は、地方自治体や新聞社、テレビ局などでもおこなわれます。

3 統計で問題解決！

問題解決のための手順

ここでは、統計を使った問題解決の方法を説明します。

あるサッカーチームを例にして、どうすれば強いチームになるかを考えることにしましょう。統計を使って問題を解決するためには、次の手順で考えます。

1 問題	どうすればチームを強くできるか。
2 計画	問題解決のためにどんなデータを取るか計画を立てる。
3 データ	必要なデータを集めて、整理する。
4 分析	データをグラフ化し、特ちょうをとらえる。
5 結論	今後、どうするべきかを提案する。

問題の発見と解決に向けた計画（1・2）

タケシくんがキャプテンを務めているサッカーチームは、このところ苦戦しています。今季のリーグ戦の成績は、２勝５敗１引き分けでした。来季、巻き返すために何が必要でしょうか。

まず、全８試合の勝敗と得失点を見てみましょう。

どうすればチームを強くすることができるかというのが、今回の問題です（1問題）。これを解決するため、タケシくんは、チームの対戦成績を調べることにしました。勝ち負けだけでなく、得点と失点の傾向を分析することにしたのです（2計画）。

●タケシくんのチームの勝敗と得失点

試合	得点	失点	勝敗
A	2	4	●
B	3	2	○
C	1	2	●
D	2	4	●
E	2	2	△
F	0	3	●
G	2	1	○
H	1	3	●
合計	13	21	

○：勝ち　●：負け　△：引き分け

データの収集と分析（3・4）

タケシくんは、得点や失点が前半・後半のどちらであったのかに着目しました。そこで、得失点のデータを前半と後半に分け、表とグラフに表します（3データ）。

●試合ごとの得点数

試合	前半	後半
A	2	0
B	2	1
C	1	0
D	1	1
E	2	0
F	0	0
G	1	1
H	1	0
合計	10	3

●試合ごとの失点数

試合	前半	後半
A	2	2
B	1	1
C	0	2
D	1	3
E	1	1
F	1	2
G	0	1
H	1	2
合計	7	14

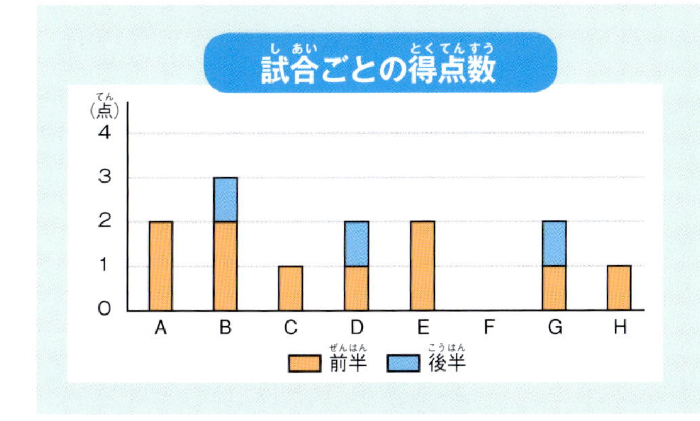

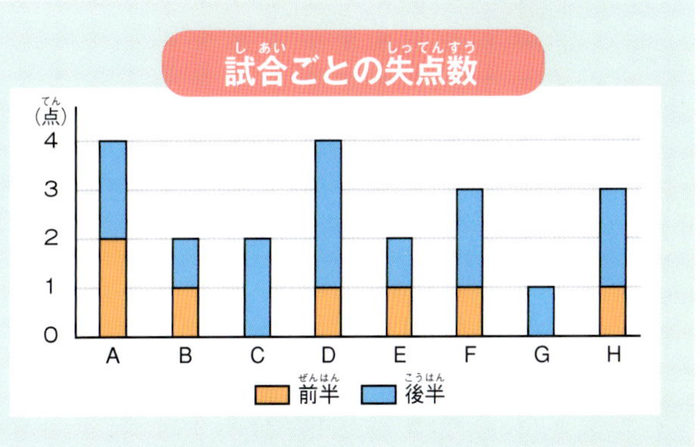

前半は意外なことに、得点のほうが多くなっていることがわかります。しかし、後半は得点が少なく、失点が得点の４倍以上になっています（4分析）。

問題の解決と今後の対策（5）

上の表とグラフから、「前半は優位に進めているのに、後半は得点が少なく、逆転されることが多い」ということがわかりました。タケシくんは、後半は前半のように動けなくなって、逆転負けをしているのではないかと考えました。そこで、タケシくんは、毎日の練習に、持久力を強化するメニューを取り入れることを部員に提案することにしたのです（5結論）。

人類の歴史とともに歩んできた統計

世界最古の統計

今はビッグデータ（26ページ参照）の時代といわれ、統計の注目度が年々上がっています。そのため、新しいサイエンスのように思われるかもしれません。しかし、人類が文明を生み出してまもなく統計は生まれました。

統計は目的によって、次の３つに分類することができます。

国の実態をとらえること ➡ **人口調査、土地の測量など**
多くのできごとをとらえること ➡ **伝染病と死者数の関係など**
起こる確率をとらえること ➡ **ゲームの勝率やくじの当選率など**

このうち、「国の実態をとらえること」を目的にした統計の歴史が最も古く、紀元前3000年ごろまでさかのぼります。古代エジプトで実施された人口調査が世界最古といわれています。

ピラミッドをつくるため？

どこにどれだけの人が住んでいるのか、きちんと調べるには人手も時間もかかります。それでも、エジプトの王は調査を強行しました。その理由は、自分の墓、すなわちピラミッドを建設するためでした。最も大きい「クフ王のピラミッド」は、10万人が20年間毎日働いて完成したといわれています。

▲クフ王のピラミッド　photolibrary

人類の歴史とともに

紀元前１世紀に成立し、長く繁栄したローマ帝国でも、初代皇帝の時代から人口・土地調査がおこなわれました。税をとること、兵士を集めることが大きな目的でした。

その後、中世から近世にかけて伝染病対策が大きな課題になったり、近代にかけて貿易の拡大が国の成長にかかせなくなったりすると、「多くのできごとをとらえること」を目的とするデータの調査・研究がさかんになりました。しだいに疫病や経済に関する統計が重要視されるようになっていったのです。

第2章

統計データを整理しよう

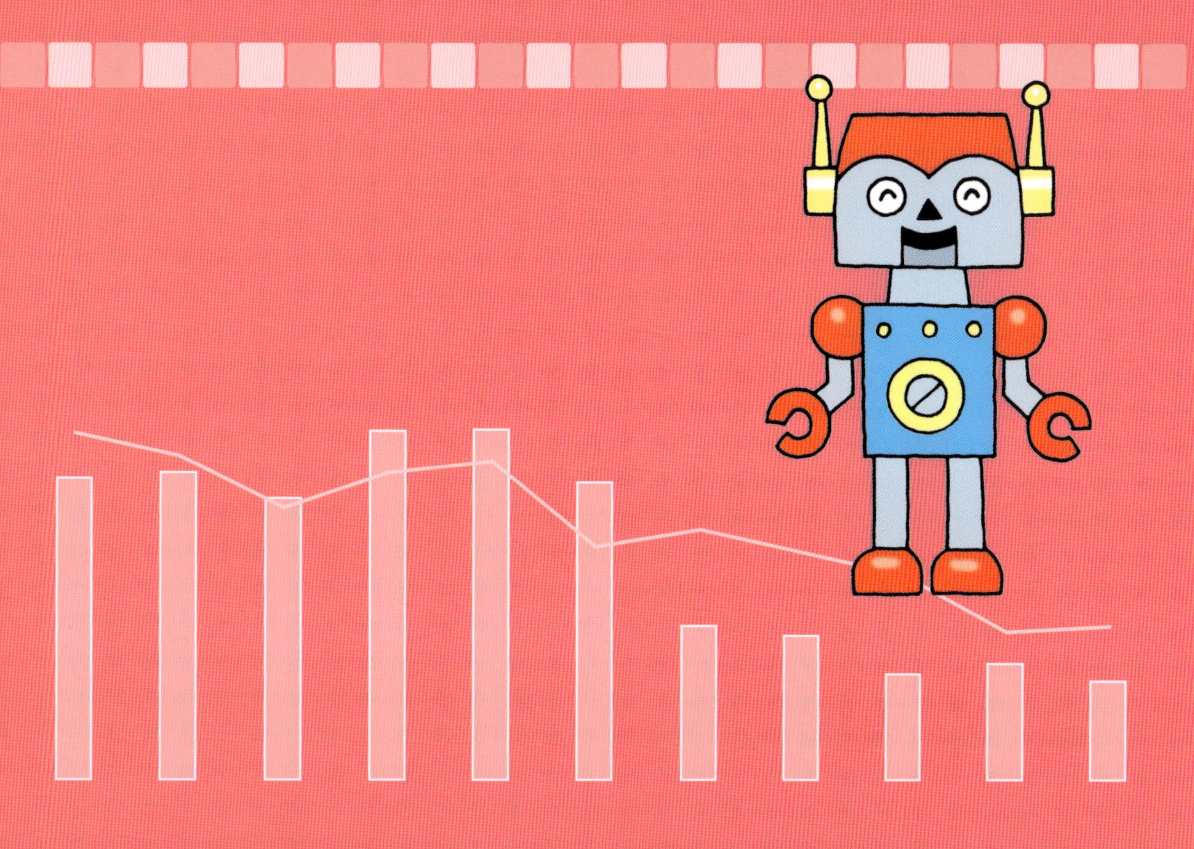

1

統計データの集め方

統計の基礎となるのは、データの収集です。必要なデータがそろっていないと、問題の分析をすることも、対策を立てることもできません。

データの集め方には、おもに次のような方法があります。

データの集め方

1. 実験・観察によって集める。
2. アンケート調査をおこなって集める。
3. 資料・データ集やインターネットを利用して集める。

データを集めるときに注意すること

実験・観察

みなさんは、理科の授業で、金属のあたたまり方や植物の成長のようすなどの実験・観察の方法を学習していることでしょう。こうした実験や観察によってデータを集めるときに、注意しなくてはならないことがあります。それは、条件をそろえるということです。

たとえば、気温の変化を調べるとき、そのときどきによって、さまざまな場所の気温を測っていたり、日によって早朝や夕方など時間がちがったりするとどうでしょうか。気温が何によって変化しているのかが、わからなくなってしまいます。

アンケート

アンケートの結果をまとめるときは、「いつおこなったのか」「だれに聞いたのか」「何人に聞いたのか」などをはっきりさせましょう。

また、アンケートの内容によっては、性別や年齢（学年）、職業など回答者の情報も書いてもらいます。こうした性別や年齢などの情報を回答者の属性といいます。属性は、アンケートのデータを分類し、分析するときに役立ちます。

統計データの入手先

わたしたちの身近には、「国勢調査」をはじめ、数多くの統計データが用意されています。書籍にまとめられているもの、ウェブ（インターネット）にアップされているものがあります。

資料・データ集

書籍版の資料・データ集には、『日本の統計』『世界の統計』（総務省統計局）、『日本国勢図会』『世界国勢図会』『日本のすがた』（矢野恒太記念会）、『理科年表』（国立天文台）、『朝日ジュニア学習年鑑』（朝日新聞出版）などがあります。毎年改訂されているので、最新版を利用しましょう。

ウェブの政府統計

ウェブで統計データを入手するなら、総務省統計局のウェブサイト（http://www.stat.go.jp/）にアクセスしましょう。人口・世帯、文化・科学技術など、各分野の統計データを無料でダウンロードできます。 また、「e-Stat 政府統計の総合窓口」（http://www.e-stat.go.jp/）もリンク集が充実していて便利です。

ウェブの自治体の統計

都道府県や市区町村など、自治体の統計データを入手したいときは、総務省統計局の「統計でみる都道府県・市区町村のすがた（社会・人口統計体系）」（http://www.stat.go.jp/data/ssds/index.htm）が役立ちます。また、それぞれの自治体のウェブサイトにアクセスしてみましょう。自治体によっては、小学生向けの統計サイトを開設しているところもあります。

〔例〕東京都の統計（キッズコーナー）

http://www.toukei.metro.tokyo.jp/kidsc/kc-index.htm

こうした統計データを使った場合、引用元の書名やウェブサイト名を明記しよう。

2

データ整理のいろいろ

入手した統計データは、そのまま利用できる場合もありますが、目的に応じて整理・分類しなければならない場合もあります。データの整理・分類の考え方について説明しましょう。

データの整理

統計の基本は、ふだんの生活と同じく、整理・整とんです。机の上が乱雑だと勉強に集中できないでしょう。たとえば、みなさんの本棚が下のようだったら、どうでしょう。算数の勉強をするとき、必要な教科書や問題集をさっと取り出すことができますか。

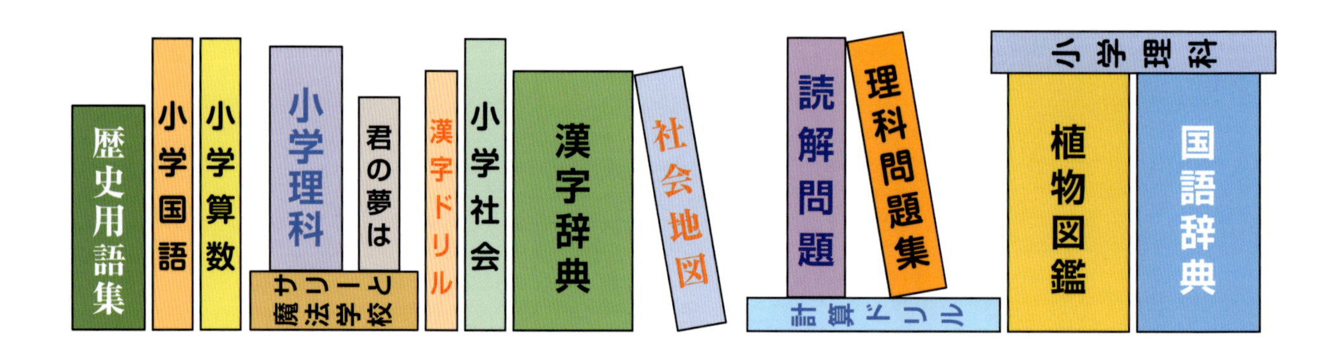

では、次のように並べかえたら、どうでしょう。必要な本がすぐ目にとまり、簡単に手に取ることができるのではないでしょうか。

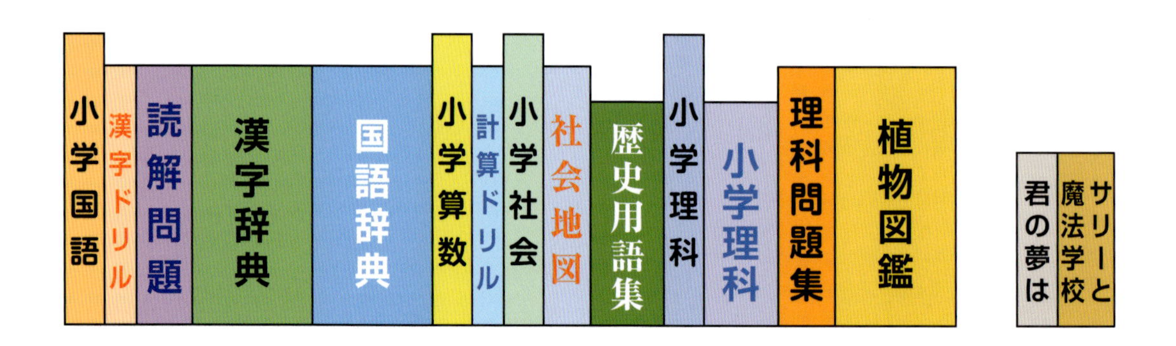

わかりやすいのは、「勉強の本」「読み物」と、ジャンルごとに整理されて並んでいるからです。さらに勉強の本は、「国語」「算数」「社会」「理科」と、教科ごとに分類されているので、迷うことがありません。

目的に応じた分類のしかた

統計とは、「たくさんのデータを集めてまとめ、そこから性質や特ちょうを見つけ出すこと」でした。本棚を整理することも、同じく「まとめる」ことです。18ページの例では、ジャンル、教科ごとにまとめました。もし、本の大きさごとに並べるとどうでしょう。

本の高さがそろっているので、見た目はきれいです。しかし、すぐに取り出せるという便利さを優先するなら、前のように、ジャンルや教科という観点で分類するほうがよいでしょう。

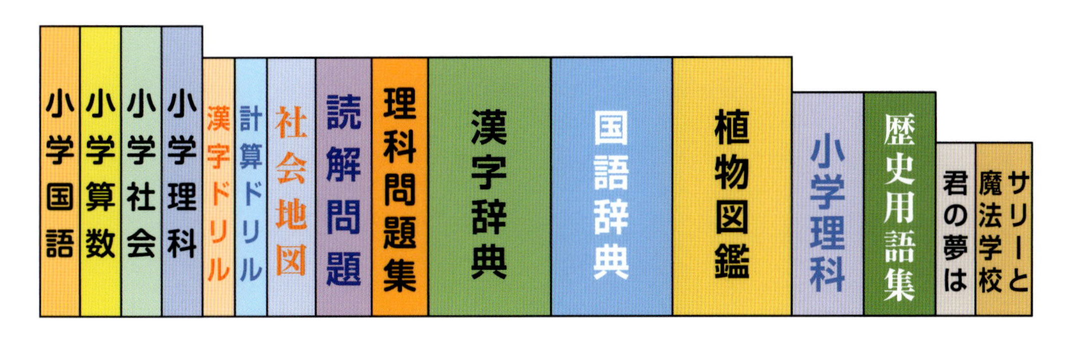

書店みたいできれいだね。

わたしは、教科ごとに並んでいるほうが、探しやすいわ。どちらが正しいのかしら？

どちらかが正しい、どちらかがまちがっている、ということではありません。目的に応じた整理の方法、分類の方法があるのです。

多くの書店は、店の規模や特色（近くに大学があるので、客は大学生が多いなど）に合わせ、ジャンル、本の大きさ、著者、出版社など、さまざまな観点で本を分類し、並べています。

データを分類するときには、目的に応じた観点が求められます。たとえば、8～9ページの「好きな食べ物」「好きなスポーツ」のアンケートでは、男子と女子でデータを分けています。また、12～13ページの「サッカーチーム」の例では、得点と失点、さらに試合の前半と後半に分けて、そのちがいを分析しました。「好きな食べ物」「好きなスポーツ」では男子と女子という観点から、また、「サッカーチーム」の例では得失点、前半と後半という観点から、データを分類したのです。

3

統計データの種類

統計データの2つの種類

統計データには、次の2つの種類があります。

量的データ＝身長・体重や個数・枚数など、数量のちがいが意味をもつデータ。
質的データ＝性別や好きなスポーツなど、特性のちがいが意味をもつデータ。

では、次のアンケートの項目で考えてみましょう。

❶ あなたの性別は？	**女　・　男**
❷ 得意な教科は？	**（　　　　　　　　）**
❸ 毎日の勉強時間は？	**（　　）時間（　　）分**
❹ 1か月に読む本の冊数は？	**たくさん読む（10冊以上）** **そこそこ読む（5～9冊）** **あまり読まない（1～4冊）** **まったく読まない（0冊）**
❺ 塾に通っていますか？	**はい　・　いいえ**

このうち、❸・❹が時間や冊数などの数量を表しているので、量的データです。❶・❷・❺は、内容のちがいを表しているので、質的データです。

上のアンケートは、あるクラスの42人（女子22人、男子20人）を対象におこなったものです。ここから、「読書と得意な教科の関係」について調べることにしました。

必要なのは、質的データの❷「得意な教科」と量的データの❹「1か月に読む本の冊数」です。21ページの表は、このアンケート結果をまとめたものです。

❷「得意な教科」には、「とくにない」「なし」などという回答もありました。空らん（何も書かれていない）の回答は、「なし」にふくめています。

● 1か月に読む本の冊数と得意な教科

読む本の数	得意な教科					合計(人)
	国語	算数	理科	社会	なし	
たくさん読む(10冊以上)	5	3	0	1	0	9
そこそこ読む(5～9冊)	5	4	2	3	0	14
あまり読まない(1～4冊)	1	3	2	2	5	13
まったく読まない(0冊)	0	0	1	2	3	6
合計	11	10	5	8	8	42

上の表を得意な教科ごとにグラフにまとめました。

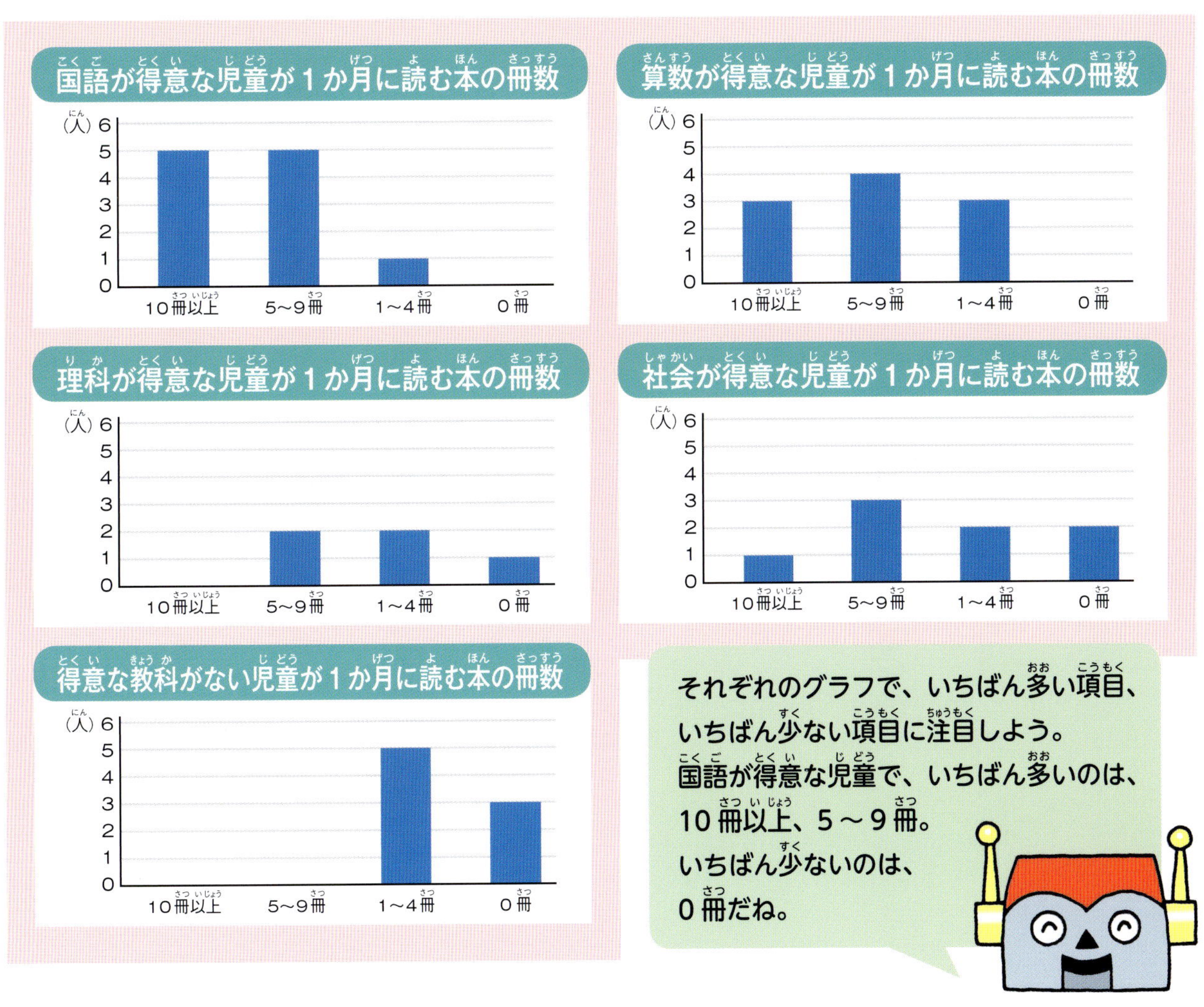

たくさん本を読む児童は国語と算数、とくに国語が得意な傾向にあること、あまり本を読まない児童は得意な教科がない傾向にあることがわかります。

さらに性別のちがいを調べるには、男女別に集計し直すとよいでしょう。

また、「読書と勉強時間の関係」を調べるには、❸「毎日の勉強時間」と❹「1か月に読む本の冊数」のアンケート結果を使うとよいでしょう。

4

平均とばらつき

平均値

平均とは

1か月に読む本の冊数などの量的データは、平均の値を数字で示すこともできます。平均とは、ものの数や量の大小多少の差をならしたものです。平均の数字は、ものごとを判断・評価するための大事な指標になります。そのため、いろいろなところで使われています。

身近なところでは、みなさんのテストの平均点、クラスの平均身長・平均体重などがあります。大量のデータを使った平均には、日本人の平均寿命や出生率などがあります。

平均の求め方

次の表は、小学生のミサキさんが1年間に読んだ本の冊数をまとめたものです。ミサキさんは、1か月に平均何冊の本を読んでいることになるでしょうか。

平均は、「(データの)合計÷(データの)個数」で求められます。

●ミサキさんが1年間に読んだ本の冊数

月	1月	2月	3月	4月	5月	6月	7月	8月	9月	10月	11月	12月	合計
冊数	9	3	10	5	10	6	10	12	7	9	5	10	96

「(データの)合計」は年間総冊数の96冊、「(データの)個数」は12か月です。したがって、「96÷12＝8」から、8(冊)です。10冊だった月がいちばん多く、3月、5月、7月、12月の4つもの月があります。このように、最も多く出てきた値を「最頻値」といい、平均と同じように代表値のひとつです。最頻値と平均値が同じになるとは限りません。

平均のワナ

ばらつき

平均は全体を代表しているのでしょうか。性質や特ちょうを正しく表しているのでしょうか。次の表は、あるサッカーチームの2人の選手の月別（4～5試合）の得点をまとめたものです。

●タケシ選手とマサル選手の月別の得点

	3月	4月	5月	6月	7月	8月	月平均
タケシ選手	4	3	4	3	5	5	4
マサル選手	8	2	9	3	1	1	4

得点の月平均は同じですが、タケシ選手が毎月3～5点と安定しているのに対し、マサル選手は9点の月もあれば、1点の月もあり、ばらつきがあります。また、マサル選手は7～8月の得点が少なく、暑い夏に活躍できていません。平均点は同じでも、シーズンを通した2人の評価は、大きくちがってきます。

公正な評価に近づけるための平均の工夫

フィギュアスケートの採点にも、平均が用いられています。演技の採点は最大9人の審査員が演技の要素ごとにおこないます。その際、最高点と最低点の2つは取りのぞかれ、残り7人の点数の平均が選手の得点になります。次の表は、2人の選手の演技構成点のなかのスケート技術の得点をまとめたものです。

●ユイ選手とミホ選手の得点

審査員	A	B	C	D	E	F	G	H	I	全体の平均点	トリムド平均（競技得点）
ユイ選手	8.50	9.00	8.00	9.00	8.75	10.00	9.00	9.00	8.75	8.89	8.86
ミホ選手	9.00	8.75	7.25	9.00	9.25	9.50	9.25	8.75	9.00	8.86	9.00

※CとFをのぞいた平均。

審査員の判断で極端な点数（最高点と最低点）をつけたものをのぞいて平均をとることを「トリムド（かりこみ）平均」といいます。

5

割合と百分率

割合

割合とは

平均と並び、統計で大きな指標になるのが、割合です。割合とは、「もとにする量」を１と見たとき、「比べられる量」がどれだけにあたるかを示した数のことです。

野球を例にあげましょう。野球のバッター（打者）の評価基準のひとつに打率があります。打率は、２割５分、３割、３割３分３厘などと表されます。

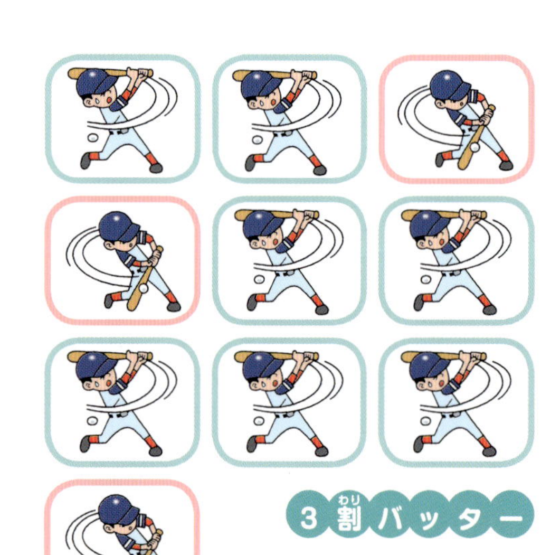

たとえば、３割バッターとは、ヒットを打つ割合が0.3※のバッターのことです。「もとにする量」は打数で、「比べられる量」はヒット数です。３割バッターとは、「もとにする量」の打数１に対して、「比べられる量」のヒット数が0.3のバッターということです。

もう少し具体的にいうと、10打数のうち３本ヒットを打つバッター、100打数のうち30本ヒットを打つバッターということです。

※一般的には 0.3 以上 0.4 未満のバッターのこと。

割合の計算と歩合

割合（打率）は「もとにする量」（打数）と「比べられる量」（ヒット数）によって変化しますが、次のような計算式で求めることができます。

比べられる量 ÷ もとにする量 ＝ 割合

打数が40でヒット数が9本だったら、「9÷40 ＝ 0.225」で、ヒットの割合は0.225（打率は２割２分５厘）です。90打数30安打だったら、「30÷90 ＝ 0.333……」で、ヒットの割合は0.333（打率は３割３分３厘）です。

このように打率は、「割・分・厘」で表します。これを「歩合」といいます。

百分率と確率

百分率とは

割合の表し方には、百分率というものもあります。百分率は「もとにする量」を100としたときの「比べられる量」の割合で、「%（パーセント）」で表します。

果汁入り飲料には、「天然果汁30%」などという表示がされています。これは、100mLのうち30mLが天然果汁ということです。350mLの飲料なら、105mLの果汁がふくまれていることになります。

30%は割合でいうと0.3、歩合でいうと3割にあたります。

割合	1	0.1	0.01	0.001
歩合	10割	1割	1分	1厘
百分率	100%	10%	1%	0.1%

確率とは

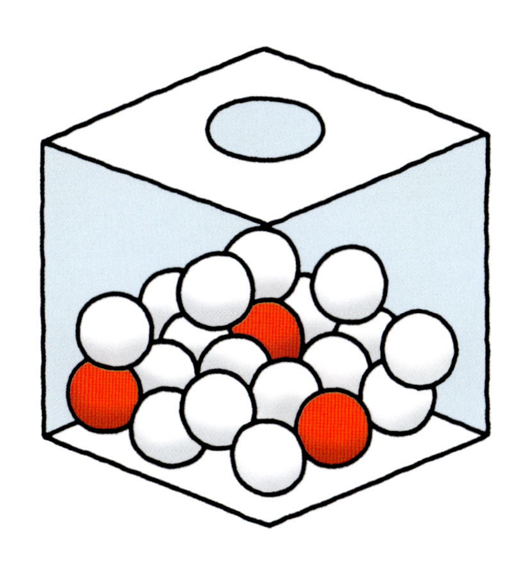

割合は身近な疑問にも答えてくれます。

左の絵は、ある「ボールくじ」の箱のなかを示したものです。このうち、全体にしめる「当たり」の赤いボールの割合を計算してみましょう。ボールは全部で20個、「当たり」は3個です。

「もとにする量」は20、「比べられる量」は3なので、「3 ÷ 20 = 0.15」となります。したがって、「当たり」のボールは15%（割合は0.15、歩合は1割5分）入っていることになります。

くじを引く人が「当たり」を引く可能性は15%（1割5分）ということです。このようなことがらが起こる確からしさのことを、「確率」といいます。

ビッグデータで減災を！

すでに存在する大量のデータ

インターネットの拡大やIT（情報技術）の進化にともない、ビッグデータに注目が集まっています。ビッグデータとは、文字どおり「大量のデータ」のことです。

第2章で説明してきたように、統計は「必要なデータを収集すること」から始まります。しかし、わざわざ集めに行かなくても、すでに存在するデータもあります。「国勢調査」「公衆衛生統計」「○○販売推移」などといった、国や自治体、企業が集めたデータだけではありません。リアルタイムに記録される「大量のデータ」があります。

リアルタイムに記録されるビッグデータ

たとえば、みなさんがパソコンや携帯電話で言葉やものごとを検索したり、ものを購入したりすると、その履歴がすべてデータとして蓄積されていきます。位置情報機能を搭載したカーナビを使って自動車で移動すれば、その走行データもすべて蓄積されます。

こうしたデータはつねに更新され、変化しつづけます。これがリアルタイムに記録されるのがビッグデータです。ビッグデータはさまざまな分野で利用されています。

ビッグデータを使って防災・減災

ビッグデータは減災にもつながります。たとえば、津波による浸水災害が起こった場合、浸水地域に住んでいる人々の携帯電話の位置情報などから、被災者の人数や移動のようすを、時間ごとに分析することができます。

津波警報が出たとき、浸水地域には何人いて、そのうち何人が避難したのか。どの道路が渋滞し、どの道路がすいていたのか。こうしたデータを集積することで、有効な防災・減災対策を導き出せるのです。2011年に起こった東日本大震災のビッグデータからも、さまざまな分析がおこなわれています。

第3章

表とグラフを使いこなそう

1

表のつくり方

データを見やすく整理

マナミさんは、学校のみんなが「行ってみたい国」はどこなのかに興味をもち、調べることにしました。4～6年生250人を対象にアンケートを取ることにしたのです。そこで、何に関心があって行ってみたいのかという視点から、次の5つのジャンルでそれぞれ行ってみたい国をひとつずつ書いてもらいました。

A 自然・景色　B 遺跡・歴史　C 食べ物　D スポーツ　E 芸術・芸能

データを表にまとめる

まずは、アンケートの結果をひとつの表にまとめます。

●表1　行ってみたい国

国名	A	B	C	D	E	合計(人)
アメリカ	66	8	3	143	71	291
イタリア	3	17	127	46	43	236
フランス	2	82	61	2	78	225
オーストラリア	122	4	4	1	1	132
中国	4	51	28	0	8	91
韓国	6	12	18	3	36	75
エジプト	8	58	0	0	1	67
ブラジル	1	1	7	29	1	39
スイス	25	2	0	0	3	30
イギリス	2	14	2	5	6	29
ドイツ	2	1	0	21	1	25
ケニア	9	0	0	0	1	10

観点を変えて表にする

表1は、5つのジャンルでそれぞれ行ってみたい国の合計を人数順にまとめたものです。これを、B「遺跡・歴史」のジャンルで行ってみたい国の人数順に並べると、どうでしょう。

●表2「遺跡・歴史」で行ってみたい国

順位	国名	人数(人)
第1位	フランス	82
第2位	エジプト	58
第3位	中国	51
第4位	イタリア	17
第5位	イギリス	14

上位5か国の順位が大きく変わったことがわかります。

フランスの凱旋門、エジプトのピラミッド、中国の万里の長城など歴史的な遺産の多い国が上位に入っています。歴史の浅いアメリカは、上位5か国にランクインしていません。

では、D「スポーツ」のジャンルで行ってみたい国の上位５か国を順に並べると、どうでしょう。

●表３　「スポーツ」で行ってみたい国

順位	国名	人数(人)
第1位	アメリカ	143
第2位	イタリア	46
第3位	ブラジル	29
第4位	ドイツ	21
第5位	イギリス	5

こちらは、アメリカが第１位です。アメリカはプロスポーツがさかんで、メジャーリーグ(野球)をはじめ、バスケットボールやアメリカンフットボールも人気です。第２位以下は、サッカーがさかんで、FIFA(国際サッカー連盟)ワールドカップで優勝したことのある国が並んでいます。

今度は、ひとつの国に焦点をあててみましょう。韓国について、５つのジャンルのうち、どのジャンルが多かったのか、人数順に並べかえて、表にまとめます。

●表４　韓国のジャンル別人数

順位	ジャンル	人数(人)
第1位	芸術・芸能	36
第2位	食べ物	18
第3位	遺跡・歴史	12
第4位	自然・景色	6
第5位	スポーツ	3

ほかの国についても、表にしてみよう。このように、観点を変えて表にすると、新たな発見があるかもしれないよ。

2 ひとめでわかるグラフ

ひとめで読み取れるグラフ

調べた結果やデータを表にすると、とても見やすくなることがわかりました。これをグラフにすると、いっそう見やすくなります。28ページの「表1　行ってみたい国」の人数、29ページの「表4　韓国のジャンル別人数」をグラフで表してみましょう。

●表1　行ってみたい国

国名	人数(人)
アメリカ	291
イタリア	236
フランス	225
オーストラリア	132
中国	91
韓国	75
エジプト	67
ブラジル	39
スイス	30
イギリス	29
ドイツ	25
ケニア	10

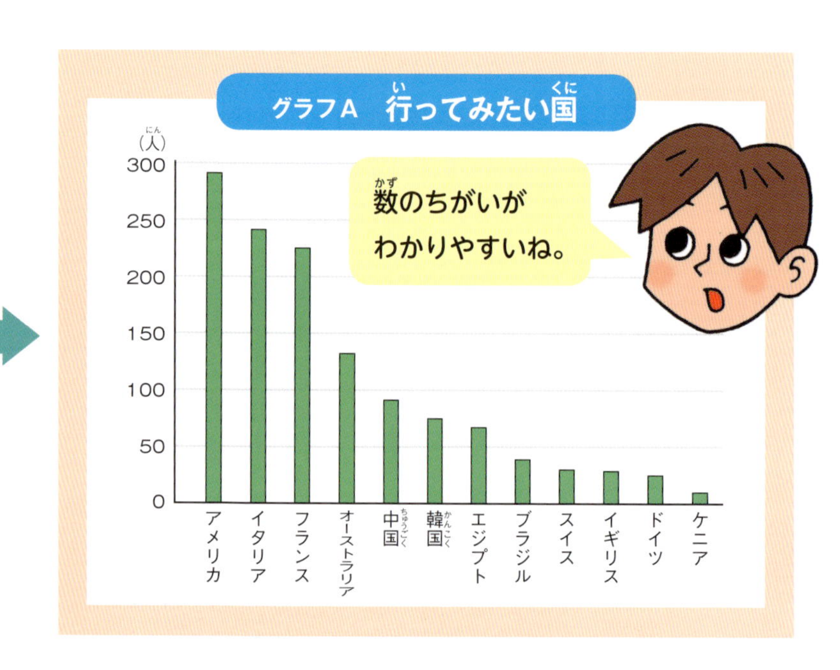

●表4　韓国のジャンル別人数

ジャンル	人数(人)
芸術・芸能	36
食べ物	18
遺跡・歴史	12
自然・景色	6
スポーツ	3

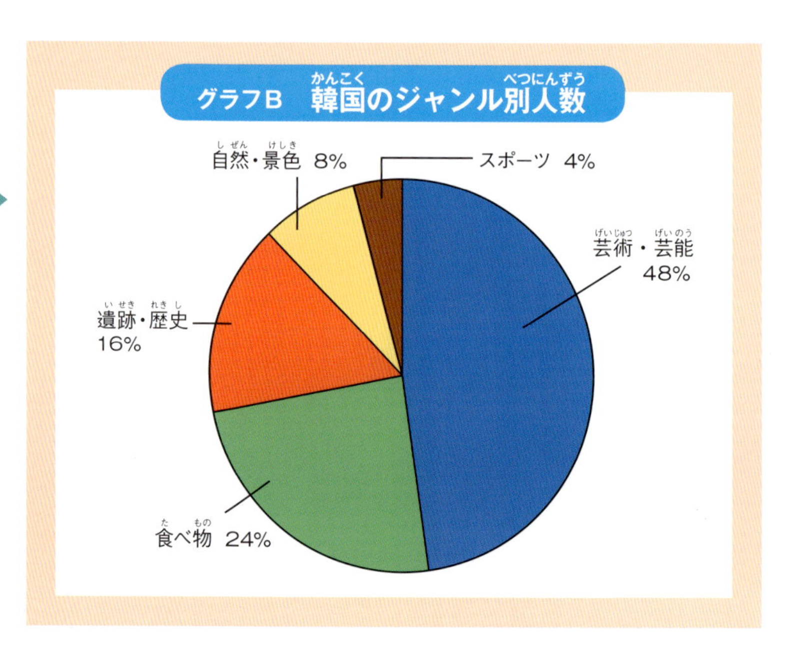

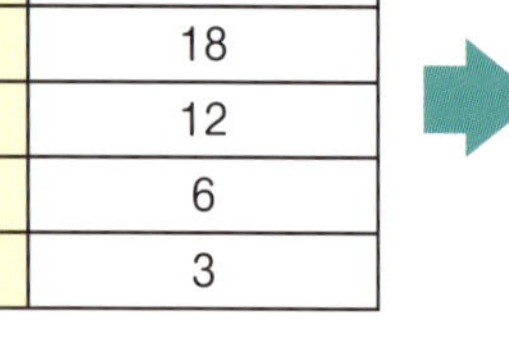

さまざまなグラフ

グラフには、次のような種類があります。

❶棒グラフ　❷円グラフ　❸帯グラフ　❹折れ線グラフ
❺ヒストグラム　❻レーダーチャート

30ページのグラフAが❶「棒グラフ」で、グラフBが❷「円グラフ」です。棒グラフは、人数の多少を棒の長さで表しています。円グラフは、人数の割合の大小を、割合ごとに区切って表しています。

「表4　韓国のジャンル別人数」は、❸「帯グラフ」でも表せます(グラフC)。帯グラフは、円グラフと同じように、全体にしめる人数の割合を、帯を区切ることで示しています。

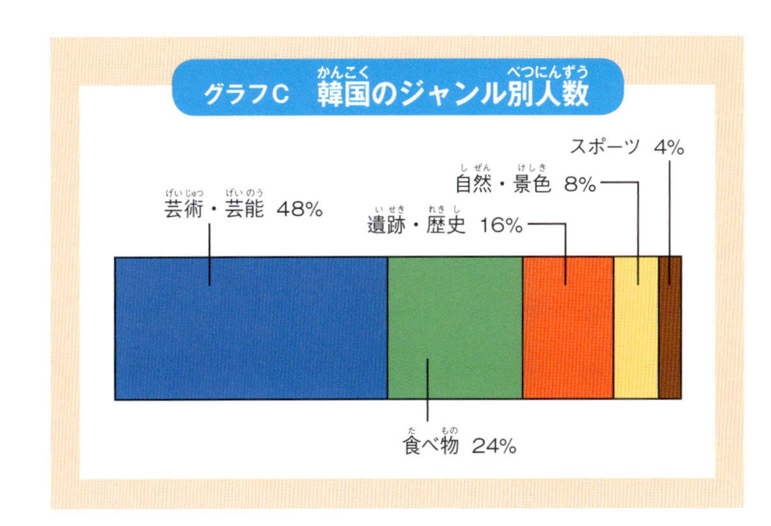

❹「折れ線グラフ」は、数字の変化を線で示したものです。次のグラフDは、東京とシドニー(オーストラリア)の気温の変化を表した折れ線グラフです。かたむきが急なほど気温の変化が大きく、ゆるやかなほど変化が小さいことがわかります。

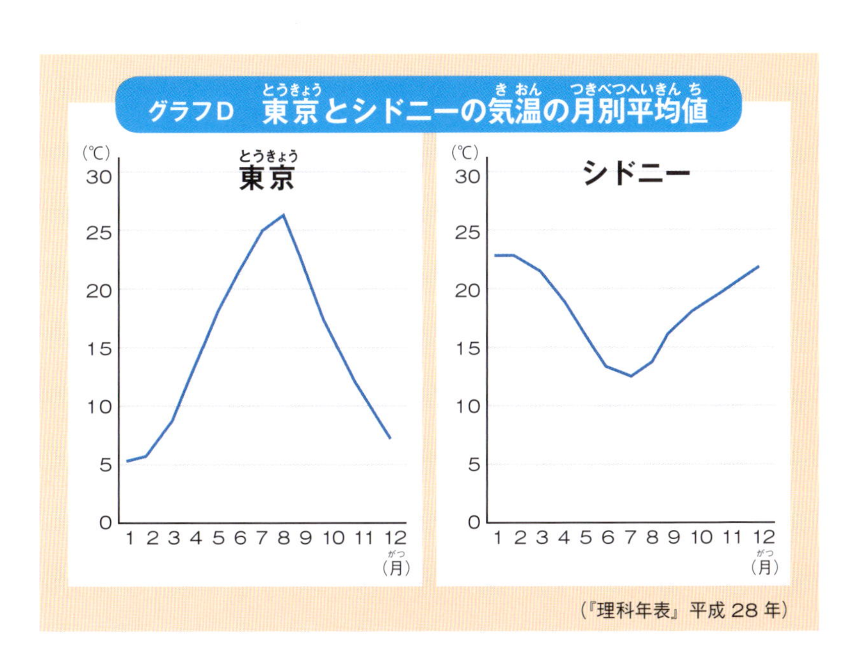

3

グラフで疑問を解決

グラフには、整理・分類された統計データを見やすくするという効果があります。社会や理科の教科書にも、いろいろなグラフが登場します。ここでは、棒グラフの読み取り方を見ていきましょう。

棒グラフの特ちょう

棒グラフは、数量を棒の長さで表し、数量の大小を表すのに適したグラフです。

下の資料は、あるクラス（5年2組、40人）の好きな果物のアンケート結果を表にしたものです。果物の名前は、50音順に並べられています。

●5年2組のみんなの好きな果物

果物	いちご	さくらんぼ	すいか	パイナップル	バナナ	ぶどう	みかん	もも	りんご
人数(人)	9	1	1	1	4	2	12	6	4

これを棒グラフにまとめてみましょう。縦軸に人数、横軸に果物を配置します。

このとき注意したいのは、果物を50音順に並べるのではなく、人数の多い順に並べることです。順位もはっきりわかり、人数のちがいをひとめで比べることができます。

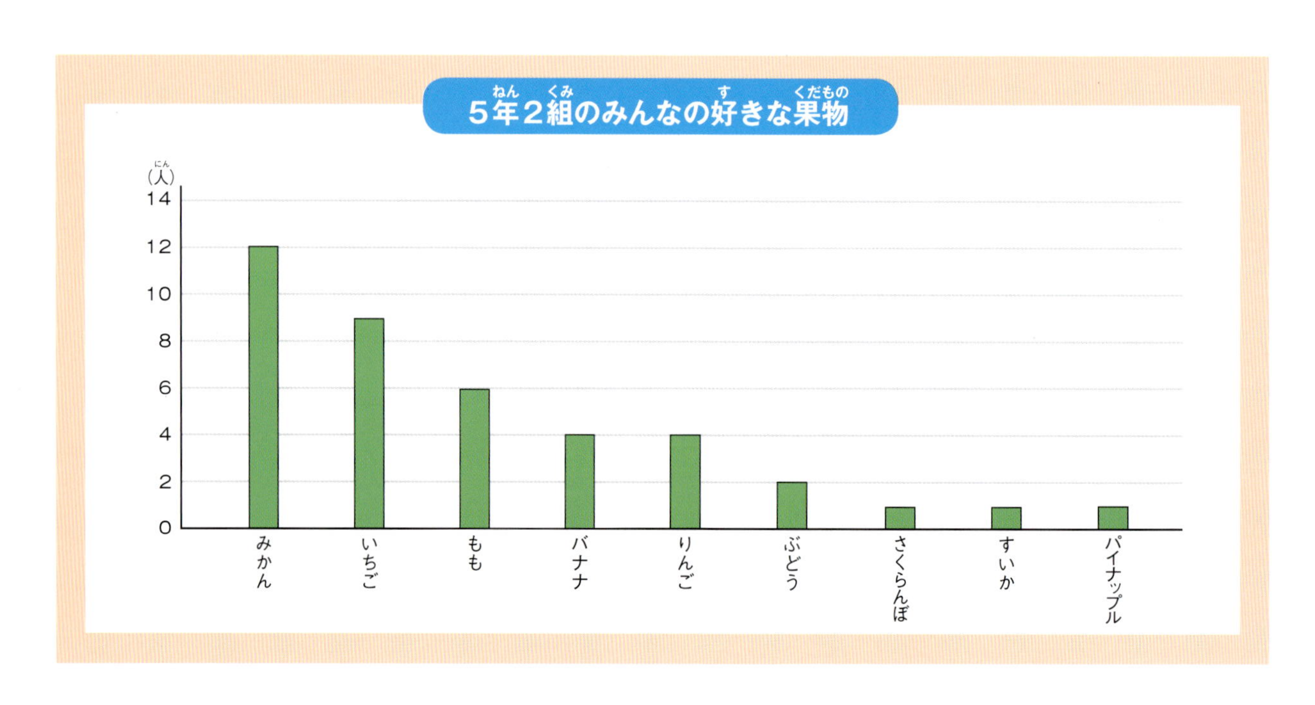

棒グラフで比べる

いちばん人気のある果物は、みかんでした。みかんはどこで生産されているのでしょうか。生産量（都道府県別）の統計データから、上位10県の生産量を棒グラフに表し、生産地の傾向を分析することにしました。

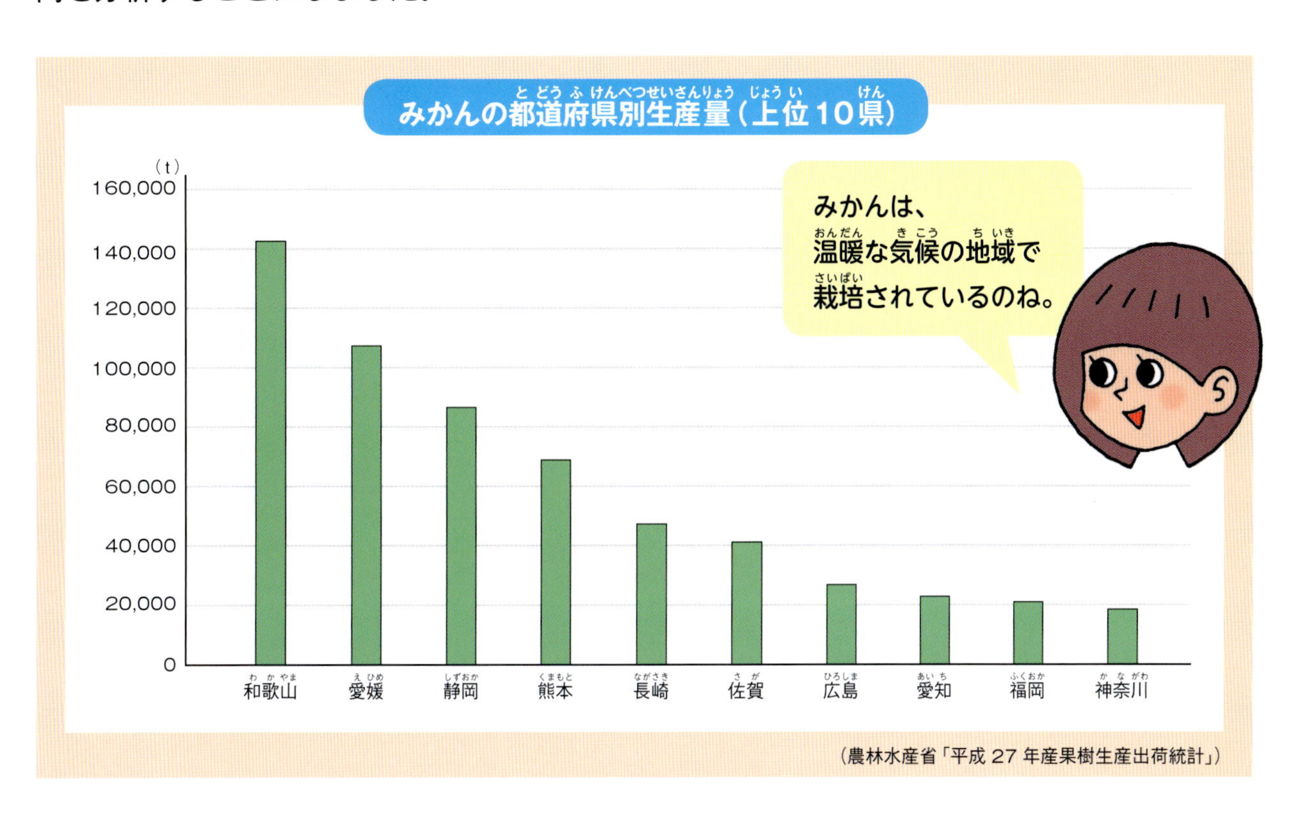

（農林水産省「平成27年産果樹生産出荷統計」）

グラフから読み取れること

棒の長さを比べる

➡最も多く生産しているのは、和歌山県で、次は愛媛県。両県とも10万t以上生産している。

➡第1位の和歌山県は、第10位の神奈川県の約7倍生産している。

数字だけではない特ちょうをさらに調べると……

➡神奈川県をのぞき、すべて中部地方から西の県である。

➡10県すべてが、海に面している。

➡10県のうち、4県が九州地方である。

地図を見て、第1位から第10位までの県がどこにあるのかを調べてみよう。

円グラフの特ちょう

円グラフは、全体を100%と考え、各項目を百分率の割合(25 ページ)ごとに区切ったものです。全体にしめる割合を読み取るのに適しています。

区切り方にはきまりがあります。時計にたとえると、12時(0時)のところを起点にして、割合の多い順に時計回り(右回り)に区切っていきます。

次の表と円グラフは、32ページの「5年2組のみんなの好きな果物」の結果をまとめたものです。円グラフでは、人数の少ない果物(ぶどう以下)は、「その他」にまとめました。

●5年2組のみんなの好きな果物

果物	人数(人)	全体にしめる割合(%)
みかん	12	30
いちご	9	22.5
もも	6	15
バナナ	4	10
りんご	4	10
ぶどう	2	5
さくらんぼ	1	2.5
すいか	1	2.5
パイナップル	1	2.5
合 計	40	100

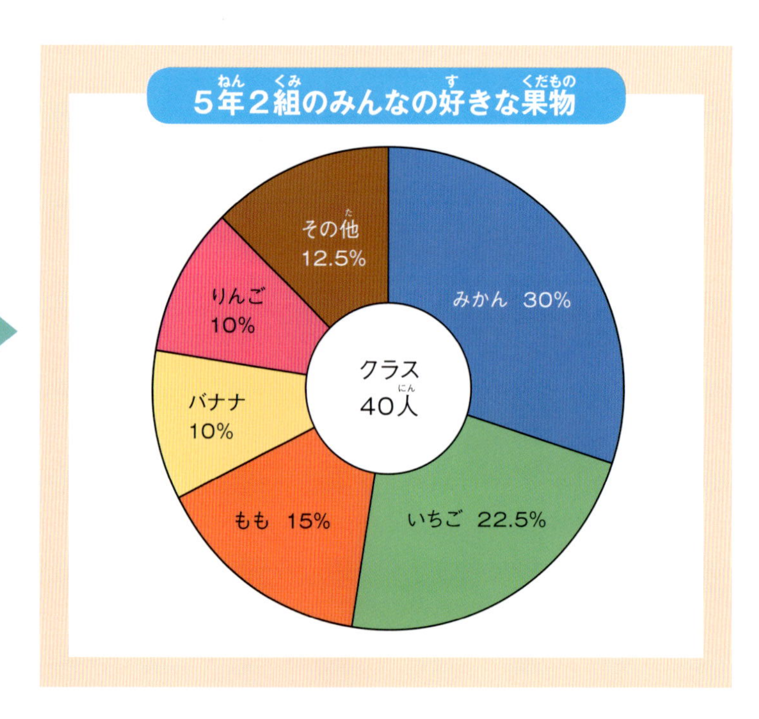

みかんが好きな人の割合は、「12 ÷ 40 = 0.3」から、30%だとわかるよね。

みかんといちごで、半分以上をしめていることが、ひとめでわかるわ!

帯グラフの特ちょう

帯グラフは、全体を100%と考え、各項目を左から区切ったものです。円グラフと同じく、全体にしめる割合を読み取るのに適しています。いくつかを並べて使うことも多く、割合の変化やほかとのちがいを比べることができます。

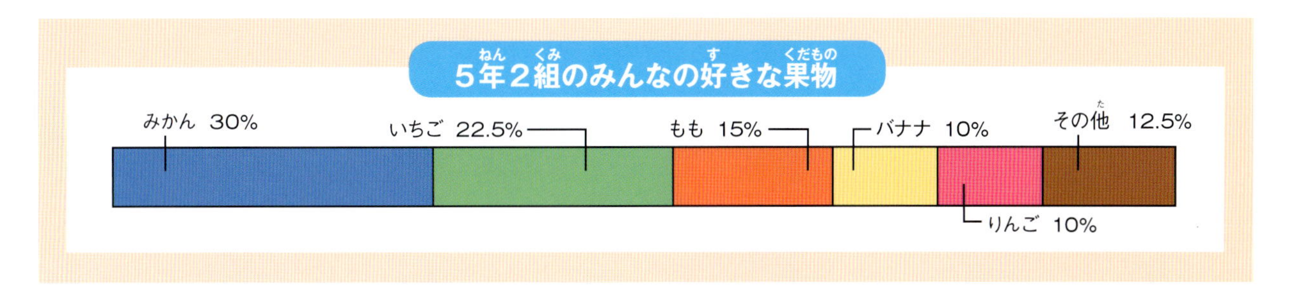

みかんの都道府県別生産量の上位10県に北海道と東北地方は入っていませんでした（33ページ）。北海道と東北地方では、どんな農業がさかんなのでしょうか。それぞれの農業の特ちょうを調べるため、地域別農業産出額の統計データを帯グラフにまとめました。

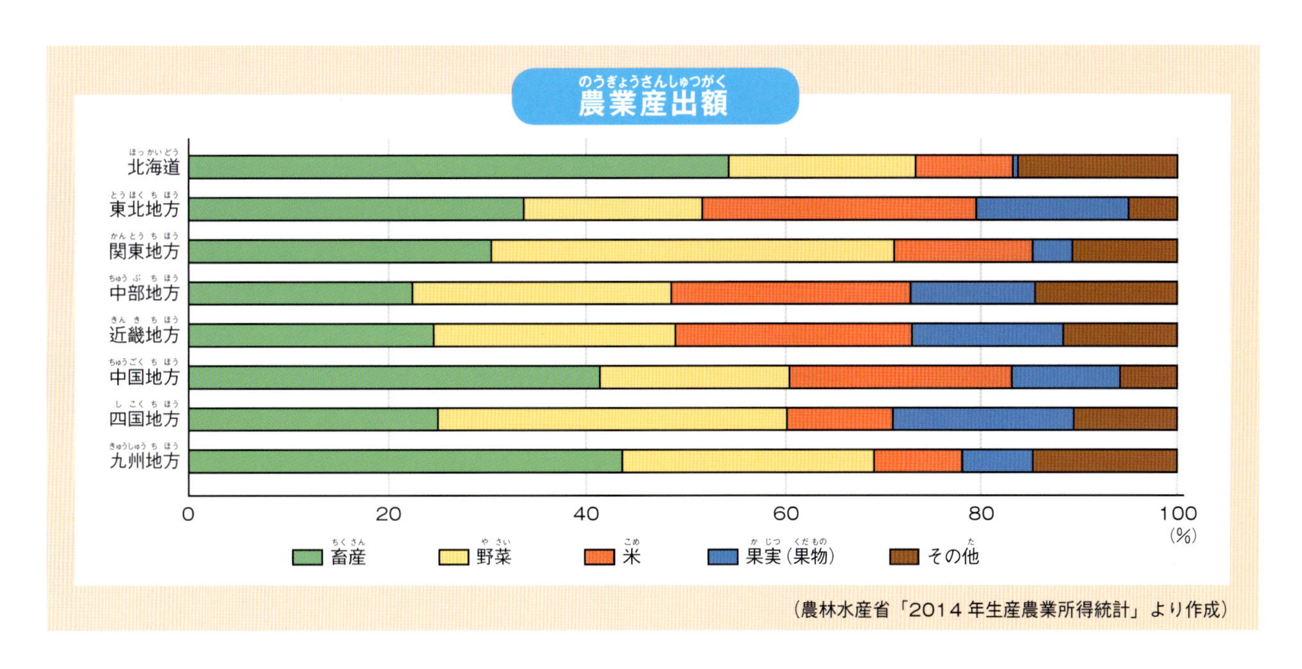

（農林水産省「2014年生産農業所得統計」より作成）

グラフから読み取れること

- 畜産の割合が最も大きいのは北海道。
- 果実の割合が最も小さいのは北海道。
- 米の割合が最も大きいのは東北地方。

東北地方は、みかんの生産量が上位に入っていないけれど、果実（果物）の産出額の割合が少ないわけではないよ。ほかの果物を生産しているんだね。

折れ線グラフの特ちょう

折れ線グラフは、時間(年・月・日・時刻など)の経過にともなう、数量の変化を表すグラフです。線のかたむきによって、変化の大きさを読み取ることができます。また、複数の折れ線を比べることで、変化のちがいを読み取ることもできます。

次の折れ線グラフは、日本の漁業種別の生産量の移り変わりを表したものです。

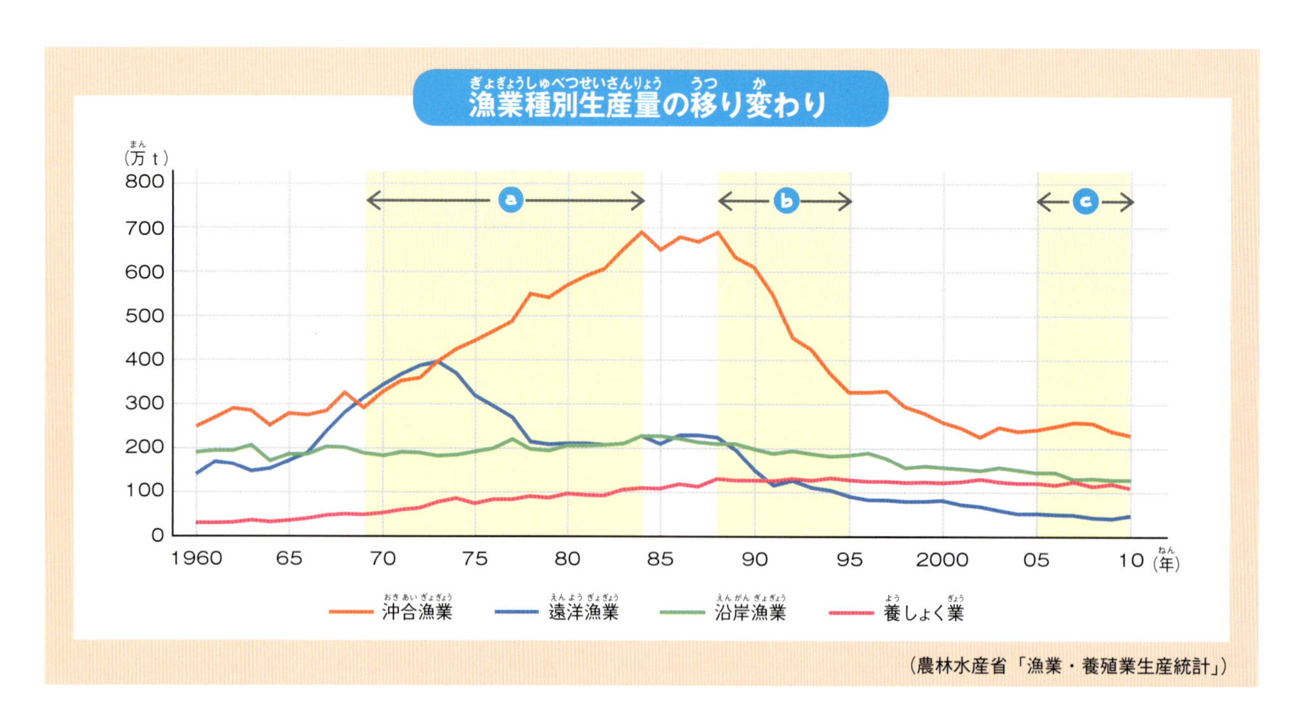

(農林水産省「漁業・養殖業生産統計」)

沖合漁業を例にとると、折れ線のかたむきから、aの時期は激増していること、bの時期は激減していること、cの時期は変化が小さいことがわかります。

沖合漁業以外の変化も見てみましょう。

遠洋漁業は1970年代後半に大きく減少しています。その後、横ばいでしたが、1980年代後半から再び減少傾向にあります。沿岸漁業は1980年代後半からゆるやかに減少しています。養しょく業は1970年代から増加傾向にありましたが、1990年代後半から横ばいです。

- **沿岸漁業**：小さな船(10 t未満)で、沿岸に近い漁場でおこなわれる漁業。
- **沖合漁業**：10 t以上の船で、近海の沖合で数日かけておこなわれる漁業。
- **遠洋漁業**：船団を組むなどして、遠くの海に出かけ、数か月かけておこなわれる漁業。
- **養しょく業**：生けすなどで魚介類を育て、大きく成長してからとる漁業。

なぜ、1970年代後半、遠洋漁業の生産量は大きく減少したのかしら？

折れ線グラフで疑問を解決！

折れ線グラフを見ると、漁業種別の変化のようすがよくわかりました。

しかし、1970年代後半に遠洋漁業の生産量が大きく減少した理由はわかりません。そこで、漁業に関連するできごとを調べ、遠洋漁業の折れ線グラフに書きこんでみます。

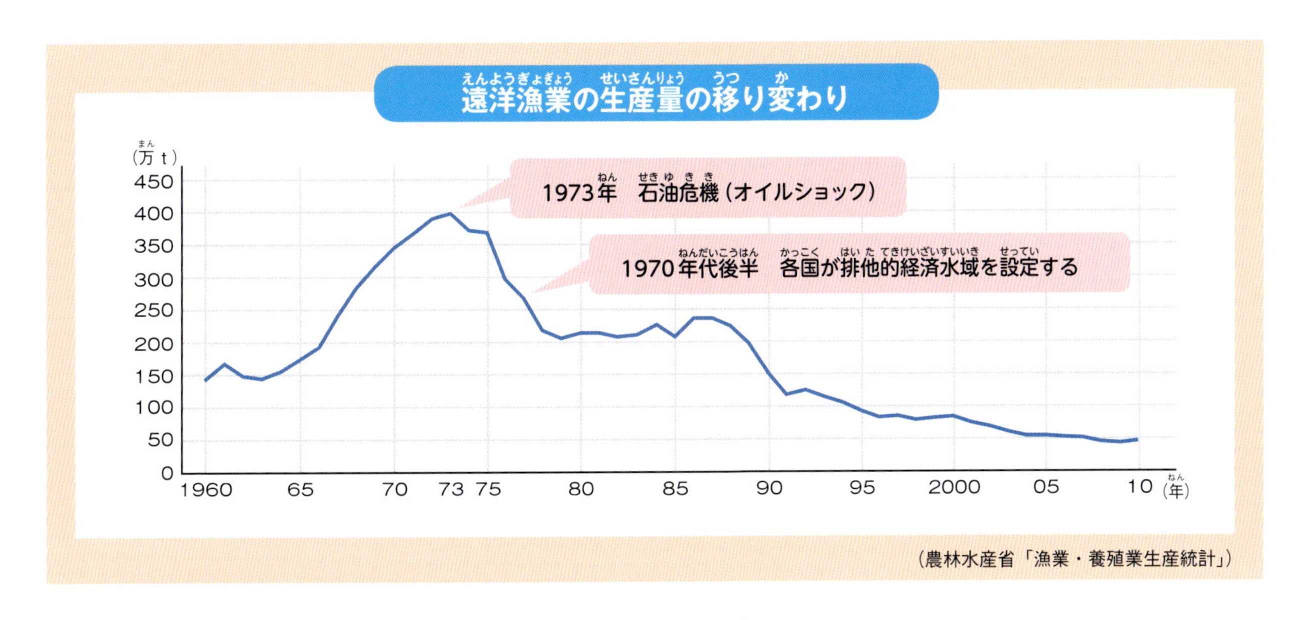

（農林水産省「漁業・養殖業生産統計」）

- **石油危機（オイルショック）**：原油の値段が急激に上がり、世界経済が混乱したできごと。石油の産出量が多い西アジアで戦争（中東戦争）が起こったことが原因。
- **排他的経済水域**：沿岸から200海里（約370km）の水域の水産資源や鉱産資源は、沿岸国のものとする取りきめ。

世界のできごとの影響を受けているんだね。

グラフから読み取れること

❶ 遠洋漁業の変化

➡1970年代前半、最も生産量が多かった。

➡1970年代後半に大きく減少した。

➡1980年代後半から再び減少傾向にある。

❷ 遠洋漁業の生産量が1970年代後半に大きく減少した理由

〔理由１〕1973年に石油危機が起こり、原油の値段が上がった。

➡船の燃料代も上がったため、遠くまで船を出す遠洋漁業は採算が合わなくなった。

〔理由２〕1970年代後半に各国が排他的経済水域を設定した。

➡日本の船が自由に魚をとれる水域が縮小した。

ヒストグラムの特ちょう

ヒストグラムは、棒グラフとちがって、横軸でデータの値を表し、縦軸でその数値の起こりやすさ(度数)を表しています。データのちらばり具合を読み取るのに適したグラフで、柱状グラフともよばれます。たとえば、クラスのみんなの身長の分布を調べるとします。140.1cmの人、166.9cmの人、数値はさまざまです。そこで、140cm以上145cm未満、145cm以上150cm未満といった階級をつくります。それぞれの階級に何人いるかというようにデータをまとめ、ちらばりのよくわかる表(度数分布表)をつくります。それをグラフにしてみましょう。

●6年3組のみんなの身長の度数分布表

身長(cm)の階級	人数(人)
140cm以上145cm未満	7
145cm以上150cm未満	9
150cm以上155cm未満	12
155cm以上160cm未満	4
160cm以上165cm未満	2
165cm以上170cm未満	1

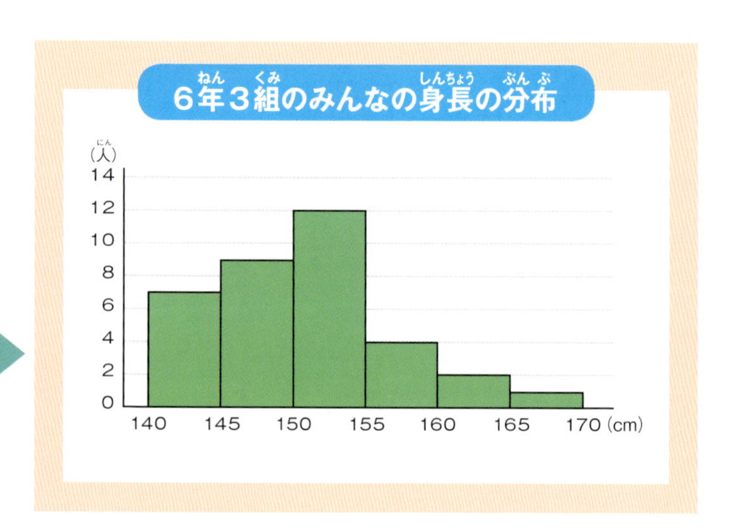

レーダーチャートの特ちょう

レーダーチャートは、軸の中心が0、角の頂点が最も高い値になっています。項目ごとにデータに合わせて、軸に点を打ち、線で結んで表します。複数の観点から対象の特ちょうを読み取るのに適しています。ほかの対象と重ねることで、ちがいを比べることもできます。

調べた観点(項目)が5個なら正五角形、6個なら正六角形というように、項目の数に合わせた正多角形のかたちになったグラフです。

●マサルくんの教科別テストの点

教科	点
国語	86
算数	80
理科	68
社会	82
英語※	74

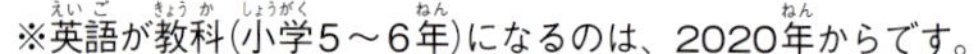
※英語が教科(小学5～6年)になるのは、2020年からです。

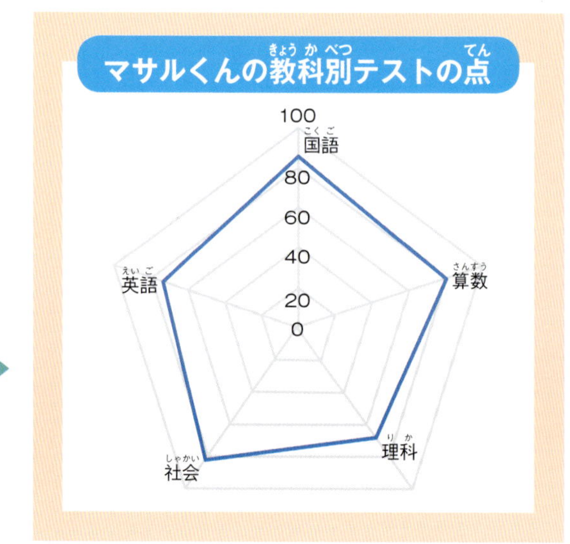

レーダーチャートで疑問を解決！

マサルくんは、先生から「もっと社会を勉強するように！」とはげまされました。マサルくんの社会の点は82点で、国語の86点の次に高い点数なのに、なぜなのでしょうか。

先生は、クラスの平均点をもとに理由を説明しました。次の表は、マサルくんのクラスの平均点をまとめたものです。

●マサルくんのクラスの教科別テストの平均点

教　科	国　語	算　数	理　科	社　会	英　語
平均点	76	76	64	86	68

マサルくんの教科別テストの点とクラスの平均点の比較

100
80
60
40
20
0
国語
算数
理科
社会
英語
マサルくん
クラスの平均

グラフから読み取れること

① マサルくんの点だけを見た成績の特ちょう

➡国語（86点）がいちばん高く、次に社会（82点）が高い。

➡いちばん低いのは、理科（68点）である。

② クラスの平均点との比較

➡国語は平均点より10点、算数は4点、理科は4点、英語は6点高い。
社会は平均より4点低い。

➡マサルくんの教科別テストの点は、社会だけがクラスの平均点を下回っている。
（社会の成績が相対的に悪い → だから、社会をもっと勉強しなければならない）

4

複数の統計で問題解決！

問題を設定し、仮説を立てる

ハルナさんは、青い鳥小学校の図書委員に選ばれました。前任の図書委員は「みんな、あまり図書室に来てくれない。本を借りる人が少ない」となげいていました。

「みんなに図書室を利用してほしい」と思ったハルナさんは、本が大好きなお母さんに相談しました。すると、お母さんは「みんなインターネットに夢中なんじゃないかしら。だから、本を読む小学生が減っているのは当然ね。わたしが小学生のころは、スマートフォンも携帯電話もなかったもの」と答えたのです。

ハルナさんは統計を使って、考えてみることにしました。

お母さんの分析は正しいのかな。
思いこみかもしれないわ。

統計で問題解決する手順

1 問題	本を借りる人が少ない。
2 計画	問題解決のためにどんなデータを取るか計画を立てる。
3 データ	必要なデータを集めて、整理する。
4 分析	データをグラフ化し、特ちょうをとらえる。
5 結論	今後、どうするべきかを提案する。

ハルナさんがかかえている問題は「本を借りる人が少ないこと」で、最終的な目標は「図書室の利用（貸し出し数）を増やすこと」です。まず、ハルナさんはお母さんの話をもとに、次の仮説を立てました。

仮説 スマートフォンや携帯電話の利用が増えている。
➡その影響で、本を読む小学生が減っているのではないか。

問題解決のための計画を立てる

仮説を確かめるため、ハルナさんは「小学生のスマートフォン・携帯電話の利用率の移り変わり」「小学生の１か月の平均読書冊数の移り変わり」の統計データを入手しました。

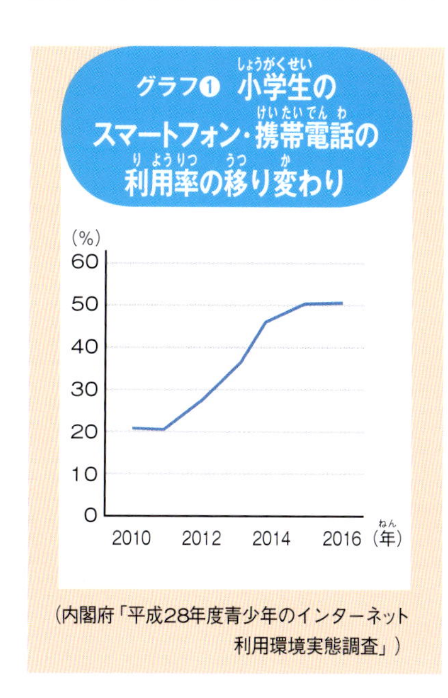

（内閣府「平成28年度青少年のインターネット利用環境実態調査」）

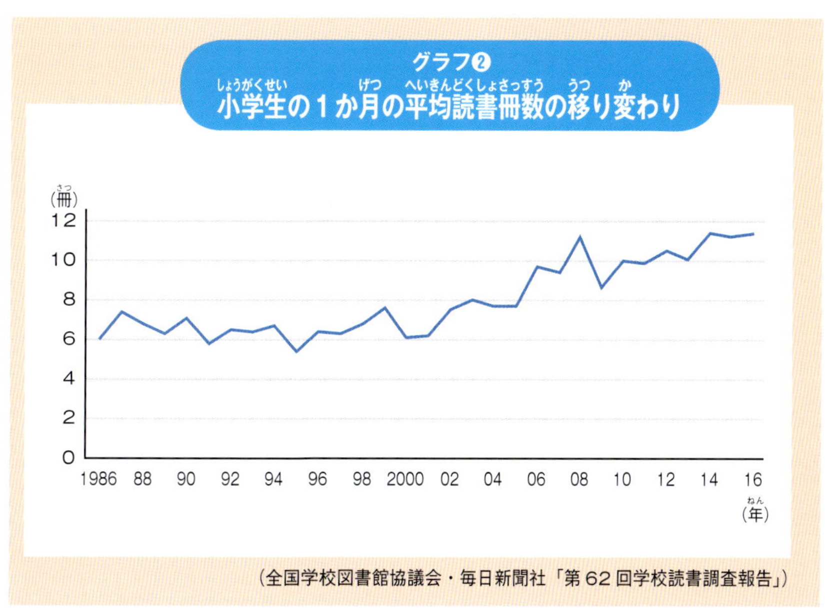

（全国学校図書館協議会・毎日新聞社「第62回学校読書調査報告」）

グラフから読み取れること

グラフ❶ ➡ スマートフォン・携帯電話の利用率は増えつづけている。

グラフ❷ ➡ 1980年代、1990年代と比べて、2000年からは１か月の平均読書冊数は増える傾向にある。

わかったこと　昔より、今の小学生のほうが本をたくさん読んでいる。

スマートフォンや携帯電話の利用は増えているものの、お母さんの世代が小学生のころ（1980～1990年代）より、今の小学生のほうが本をたくさん読んでいることがわかりました。

では、なぜハルナさんの通う青い鳥小学校では、図書室の利用者が少ないのでしょうか。ハルナさんは実態をさぐるため、市内の小学校の児童数とそれぞれの小学校の図書室の本の貸し出し数（１年間）を調べました。さらに、青い鳥小学校の４～６年生の250人を対象にアンケート調査をおこないました。図書室をあまり利用しない児童には、その理由を書いてもらったのです。また、どんな本を読みたいのか、「物語」「科学」「歴史」「芸術・趣味」「地理」「その他」からひとつ選んでもらいました。

以上のデータをもとに、ハルナさんは対策を考えることにしたのです。

データを集めて、分析する

ハルナさんは、市内の小学校の児童数と図書室の本の貸し出し数（1年間）を、次の表にまとめました。

●市内の小学校の児童数と図書室の本の貸し出し数（1年間）

小学校名	児童数（人）	図書室の本の貸し出し数（1年間）（冊）
青い鳥小学校	487	10714
緑の山第一小学校	502	55476
緑の山第二小学校	495	69872
緑の山第三小学校	325	41719
坂の上小学校	625	61895
赤い丘小学校	711	69111
小鳥のまち小学校	386	40517
夢の里小学校	592	64513
星の川小学校	604	53152

表から読み取れること

❶ 児童数について

➡児童数が最も多いのは、赤い丘小学校。最も少ないのは、緑の山第三小学校。

❷ 貸し出し数について

➡貸し出し数が最も多いのは、緑の山第二小学校。最も少ないのは、青い鳥小学校。

❸ 児童数と貸し出し数について

➡青い鳥小学校、緑の山第一小学校、緑の山第二小学校の児童数は、ほとんど同じだが、貸し出し冊数は、青い鳥小学校だけがとても少ない。

ハルナさんは、青い鳥小学校の４～６年生の250人に「図書室を利用しない理由」をたずねたアンケート結果も、グラフにまとめることにしました。割合がわかるように円グラフにしました。

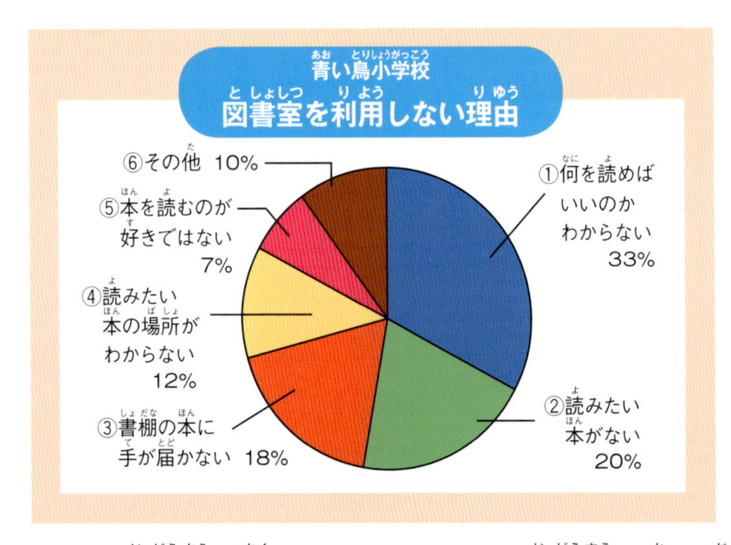

グラフから読み取れること

➡本の選び方がわからない（①）が30％以上。

➡図書室の配置（本の置き場所）について（③・④）が30％。

ハルナさんは、上の表から、「青い鳥小学校の貸し出し数が少ないのは、児童数が少ないせいではない（児童数と貸し出し数には関係がない）」と考えました。

では、青い鳥小学校の貸し出し数が少ない理由は何でしょうか。

ほかの小学校の図書室の写真を見たハルナさんは、図書室に理由があるのではないかと考えました。青い鳥小学校の本棚は、ほかの小学校のものより高さがありました。そのため、書棚の上のほうの本に手が届かない児童が多く、利用者数も少ないのではないかと考えました。

さらにハルナさんは、青い鳥小学校の4～6年生の250人に「読みたい本」をたずねたアンケート結果をまとめ、図書室に置いてある本との割合のちがいを、帯グラフで比べることにしました。

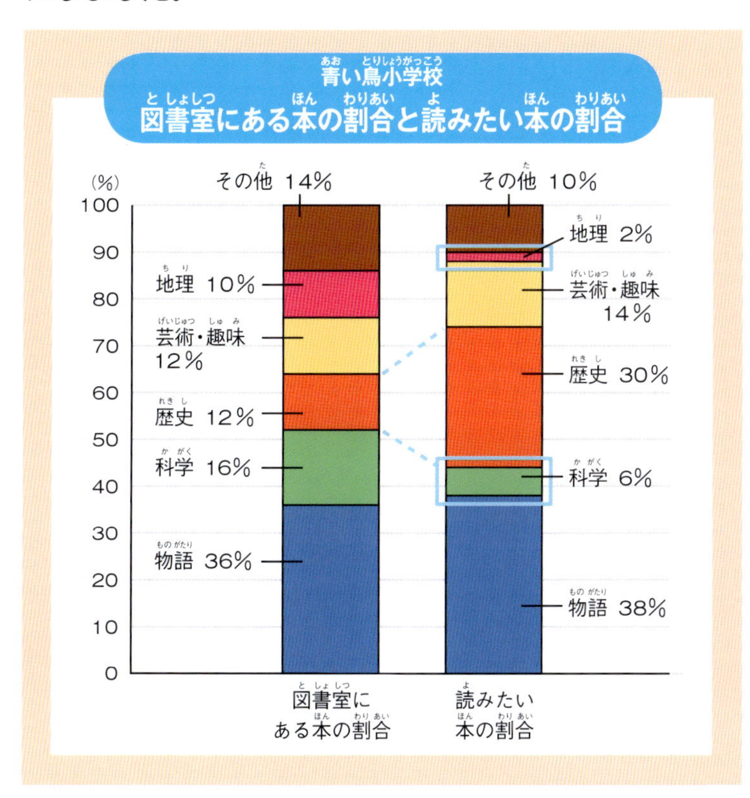

グラフから読み取れること

図書室にある本の割合と読みたい本の割合を比べて

➡歴史の本を読みたい児童が多いのに、歴史の本の割合が小さい。

読みたい本の割合を見て

➡科学の本と地理の本の割合が小さい。

今後、どうするべきかを提案する

以上の分析から、ハルナさんは次のことを提案することにしました。

提案

- ◆本棚を低い配置に変えてもらう。
- ◆本の分類(物語・科学など)表示を大きく見やすくする。
- ◆今後、歴史の本を多めに購入してもらう。
- ◆「図書通信」で科学と地理の本の魅力を伝える。

第3章

グラフの落とし穴

グラフは正しくつくろう！

右の円グラフは「好きな果物」のアンケート結果(34ページ)をまとめたものです。グラフ①は、ももが好きな児童がとても多く見えます。しかし、円グラフの中心が真ん中ではありません。ももが多く見えるように、かたよってつくられているのです。

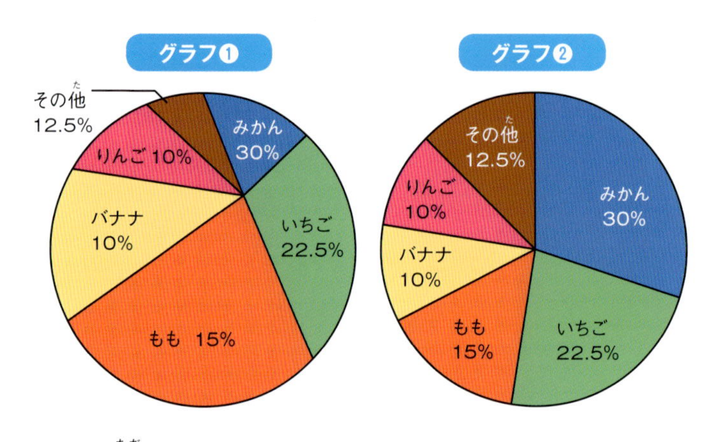

グラフ②のように、中心を真ん中において、正しくつくらなければなりません。

グラフにごまかされないように！

下の折れ線グラフは、タクヤくんとマサミさんの算数のテストの点数の移り変わりを表しています。グラフ③・④を見ると、タクヤくんの点数はぐんぐんのびているのに、マサミさんは少しずつしかのびていないように見えます。

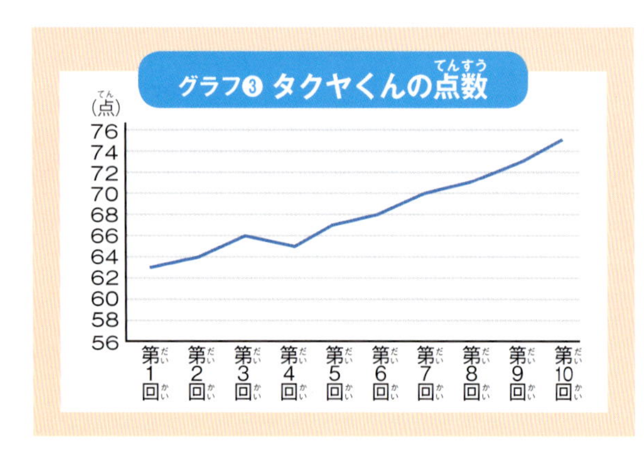

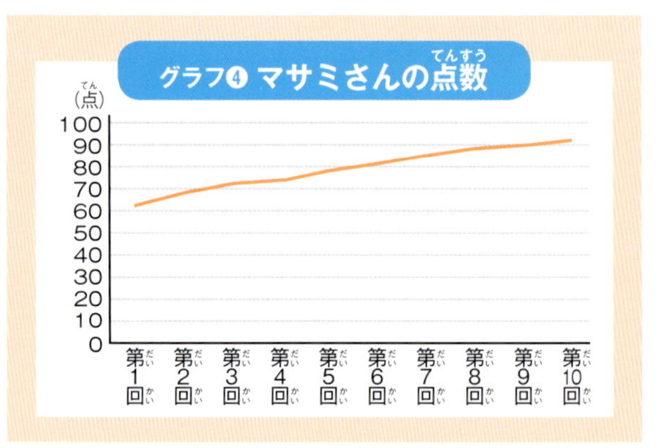

しかしよく見ると、2つのグラフの縦軸の目盛りは同じではありません。グラフ③は56点から76点なのに対して、グラフ④は0点から100点になっています。

グラフ⑤のように、縦軸を同じ目盛りにして重ねると、どうでしょう。マサミさんのほうが、タクヤくんより、点数ののび率が高いことがわかります。

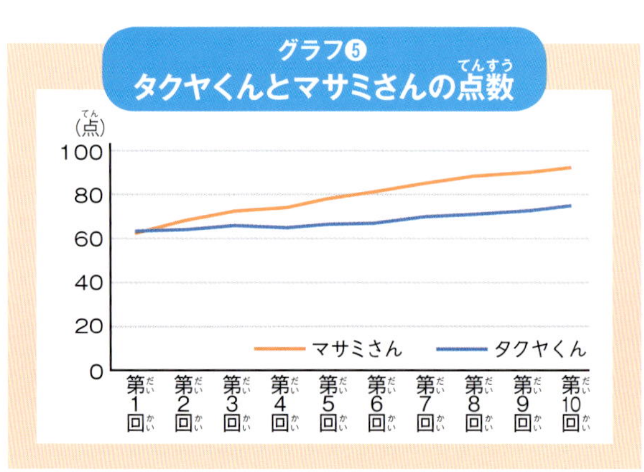

第4章

統計と地図を使いこなそう

1 基本の地図（地形図）のきまり

地形図とは

地図にはさまざまな種類がありますが、日本地図の基本になっているのは地形図です。国土地理院（国土交通省）が作成している地形図で、地表のようすがくわしく表されています。

地形図の例

（国土地理院の電子地形図 25000「神戸首部」を掲載）

地形図のきまり

方位

地形図には、多くの約束ごとがあります。方位もそのひとつで、地形図の方位は、上が北、下が南を示しています。そうでない場合は、地図上に方位を表す記号がつけられています。この記号を方位記号といいます。

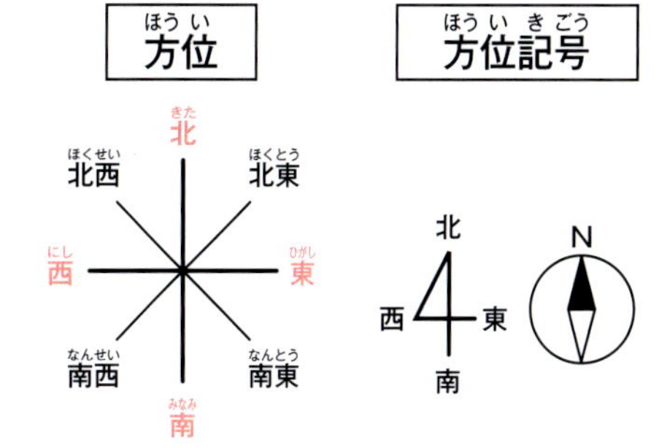

縮尺

縮尺とは、実際の距離と地図上の距離の比のことです。地図上の長さを測れば、縮尺から実際の距離を計算することができます。

実際の距離の求め方　地形図上の長さ × 縮尺の数字 ＝ 実際の距離

2万5000分の1の地形図上で2cmの距離だけど、実際の距離は、500mになるね。

地図記号

建物や道路、鉄道、土地の使われ方、市区町村の境などを示す記号です。

おもな地図記号の例

- 都府県界
- 市役所
- 町村役場
- 消防署
- 病院
- 警察署
- 町村・政令市の区界
- JR線（単線）
- 小・中学校
- 寺院
- 神社
- 発電所など

等高線

海面から同じ高さのところを結んだ線です。高度がわかるだけでなく、等高線の間がせまいと傾斜が急なこと、間が広いと傾斜がゆるやかなことがわかります。

2 地形図の読み取り方

2万5000分の1の地形図

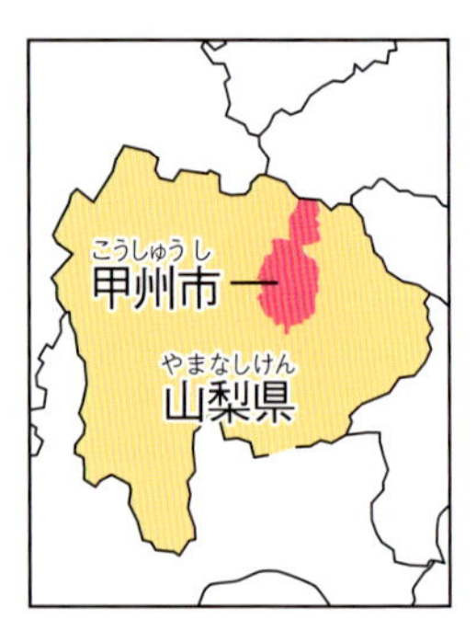

地形図を見れば、さまざまなことが読み取れます。地図記号、等高線、縮尺などを手がかりに、土地のようすを見ていきましょう。

下の地形図は2万5000分の1の地形図で、山梨県甲州市の一部を示しています。甲州市は甲府盆地の北東部に位置する都市です。地形図中の勝沼町は、江戸時代から甲州街道の宿場町として発展してきました。

（国土地理院の電子地形図 25000「石和」を掲載）

地形図の読み取り方

48ページの地形図を読み取っていきましょう。

方位を見る　蜂城山から見て、石尊山はどの方位(8方位)にある？

➡地形図は上が北なので、蜂城山から見て、石尊山は北東の方向にあります。反対に、石尊山から見た蜂城山の方位は、南西になります。

高さを見る　蜂城山と石尊山とでは、どちらが高い？

➡蜂城山の標高は738m、石尊山の標高は532mです。蜂城山のほうが高いことがわかります。

地形を見る　蜂城山と茶臼山のふもとに広がっている地形は？

➡山のすそ野から、扇を広げたような地形が見られます。川が山地から平地に出たところに土砂が積もってできた地形で、扇状地といいます。

山から平地に出ると、川の流れがゆるやかになるから、土砂が川底に積もったのね。

土地利用を見る❶　蜂城山の頂上付近には、何が建っている？

➡頂上付近には、⛩(神社の地図記号)が見られます。

土地利用を見る❷　蜂城山と茶臼山のふもとは、何に利用されている？

➡扇状地には、 ර(果樹園の地図記号)がたくさん見られます。扇状地は、水はけがよく、日当たりもよいので、ぶどうやももなどの栽培に適しています。甲州市は、日本有数のぶどうの産地として知られています。

3 目的に合った地図

主題図

地形図に代表される「一般図」に対して、ある目的に合わせてつくった地図を「主題図」といいます。

主題図の代表は、毎日よく目にする天気図です。天気図は、みなさんが住んでいる地域から、日本列島周辺という広い範囲まで、気圧や前線などのようすを示しています。

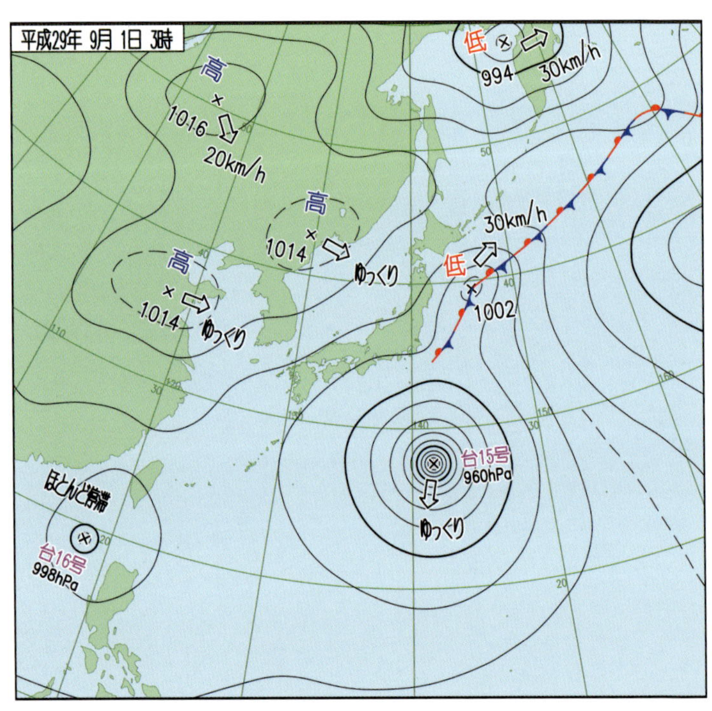

（気象庁ホームページ：2017 年 9 月 1 日の天気図）

主題図にはこのほか、人口のちらばり具合を示した人口分布図や土地が何に利用されているのかを示した土地利用図、地質図、道路地図、海図、観光案内図などがあります。

主題図のつくり方

都道府県や市区町村など、地域や場所にかかわる統計は、表やグラフだけでなく、主題図を使うとよりわかりやすくなります。みかんの都道府県別生産量（33ページ）を主題図で表してみましょう。日本地図に示された都道府県を生産量ごとに色分けします。

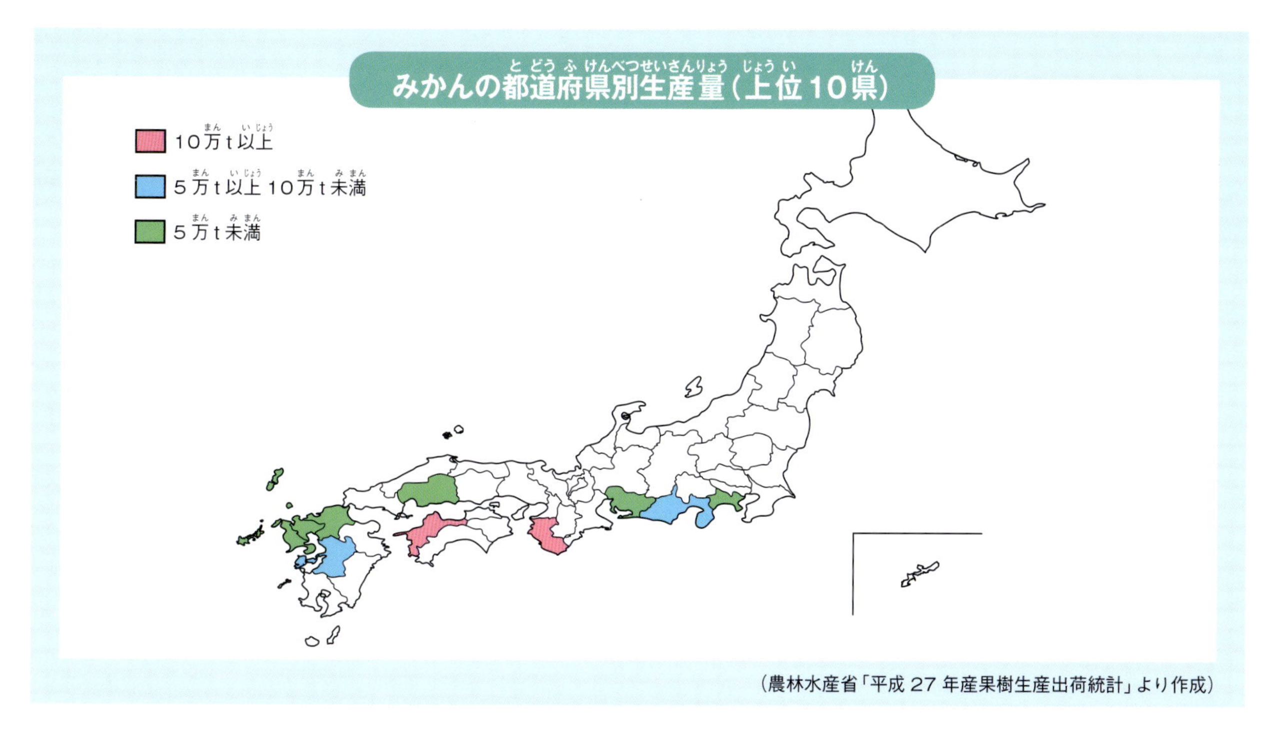

（農林水産省「平成27年産果樹生産出荷統計」より作成）

上の主題図は、生産量によって、大きく3つのグループに分けています。年間10万t以上の生産県は■、5万t以上10万t未満の県は■、5万t未満の生産県は■で示しています。みかんの生産に適している地域がわかるなど、全体の傾向はよくわかりますが、グループごとの生産量のちがいがわかりません。

次の主題図は、上の主題図にみかん生産量の棒グラフ（33ページ）を重ねたものです。こうすると生産量のちがいもひとめでわかるでしょう。

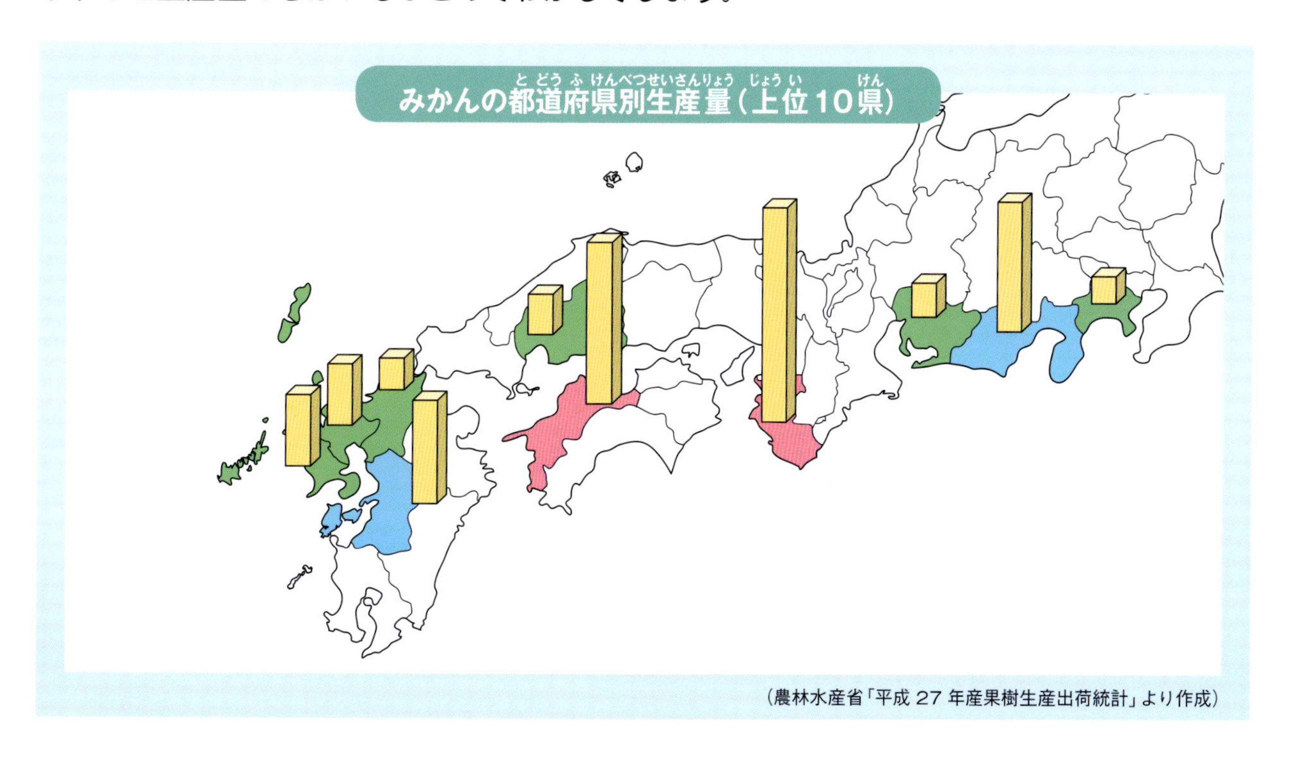

（農林水産省「平成27年産果樹生産出荷統計」より作成）

4 主題図の読み取り方

ハザードマップとは

主題図のひとつに、地震、大雨、津波、火山噴火などの災害予測を示したハザードマップがあります。ハザードマップは「被害予測図」と訳されますが、自然災害が起こったとき、「どこで、どんな被害が出るのか」という被害の予測だけでなく、「どの経路を通って、どこへにげればよいのか」という避難ルートや避難場所なども記されています。

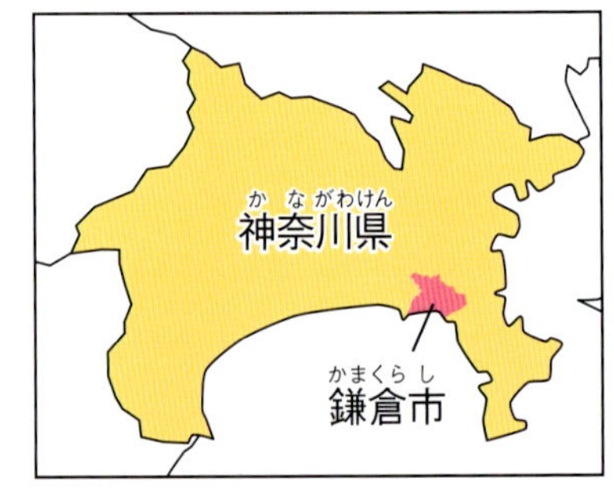

下の主題図は、神奈川県鎌倉市の津波ハザードマップです。

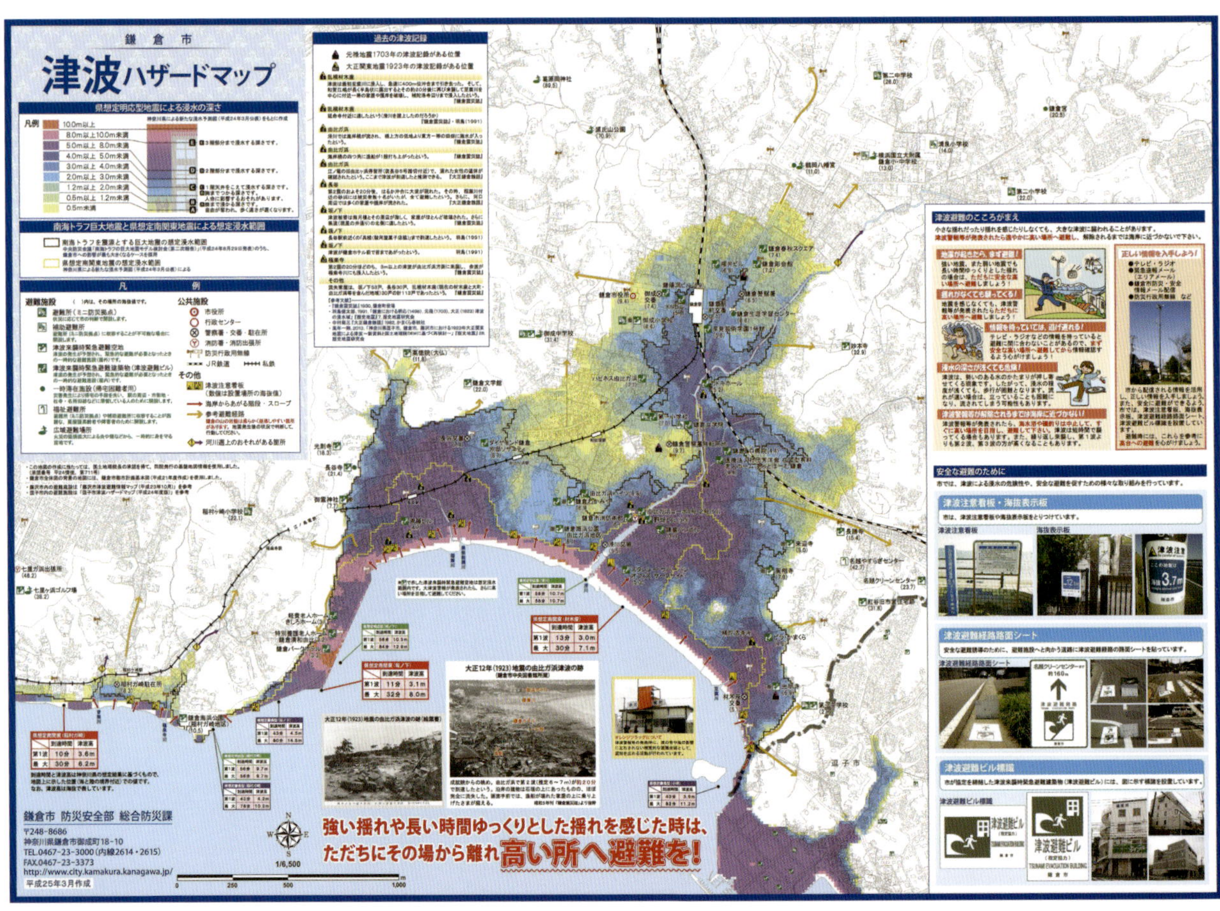

（鎌倉市「鎌倉市津波ハザードマップ 平成 25 年 3 月改定」）

ハザードマップの読み取り方

鎌倉市の津波ハザードマップは、神奈川県による浸水予測図（平成24年3月公表）をもとにした3つのケースと、国が想定した南海トラフ巨大地震を合わせた4つのケースを想定してつくられています。

下の主題図は、鎌倉市の津波ハザードマップの一部を拡大したものです。

（鎌倉市「鎌倉市津波ハザードマップ 平成25年3月改定」）

●浸水の深さ

- 10.0m 以上
- 8.0m 以上 10.0m 未満
- 5.0m 以上 8.0m 未満
- 4.0m 以上 5.0m 未満
- 3.0m 以上 4.0m 未満
- 2.0m 以上 3.0m 未満
- 1.2m 以上 2.0m 未満
- 0.5m 以上 1.2m 未満
- 0.5m 未満

●避難施設　（　）内は、その場所の海抜値です。

避難所（ミニ防災拠点）
状況に応じて市の判断で開設します。

補助避難所
避難所（ミニ防災拠点）に収容することが不可能な場合に開設します。

津波来襲時緊急避難空地
津波の発生が予想され、緊急的な避難が必要となったときの一時的な避難施設（屋外）です。

津波来襲時緊急避難建築物（津波避難ビル）
津波の発生が予想され、緊急的な避難が必要となったときの一時的な避難施設（屋内）です。

広域避難所
火災の延焼拡大による炎や煙などから、一時的に身を守る空地です。

●その他

津波注意看板（数値は設置場所の海抜値）

海岸からあがる階段・スロープ

参考避難経路

鎌倉の山の岩盤は柔らかく崩落しやすい箇所があります。地震発生後の状況で判断して、行動してください。

ハザードマップから読み取れること

➡海岸付近と河川の両岸付近が、（浸水が深くなるおそれがあり）危険である。

➡避難場所は、海抜４ｍ以上のところにある。

ハザードマップは鎌倉市だけでなく、全国の多くの自治体（都道府県や市区町村）が作成しています。ただし、起こる可能性が高い災害の種類によって、ハザードマップに記載されている項目・内容はさまざまです。

みなさんが住んでいる地域のハザードマップを手に入れて、災害に備えましょう。

5

主題図を使って疑問にせまる

主題図から傾向をとらえる

マユミさんのお兄さんは、発電所に勤めています。お兄さんから話を聞くうちに、発電所や電力の問題に興味をもったマユミさんは、日本のおもな発電所について調べることにしました。

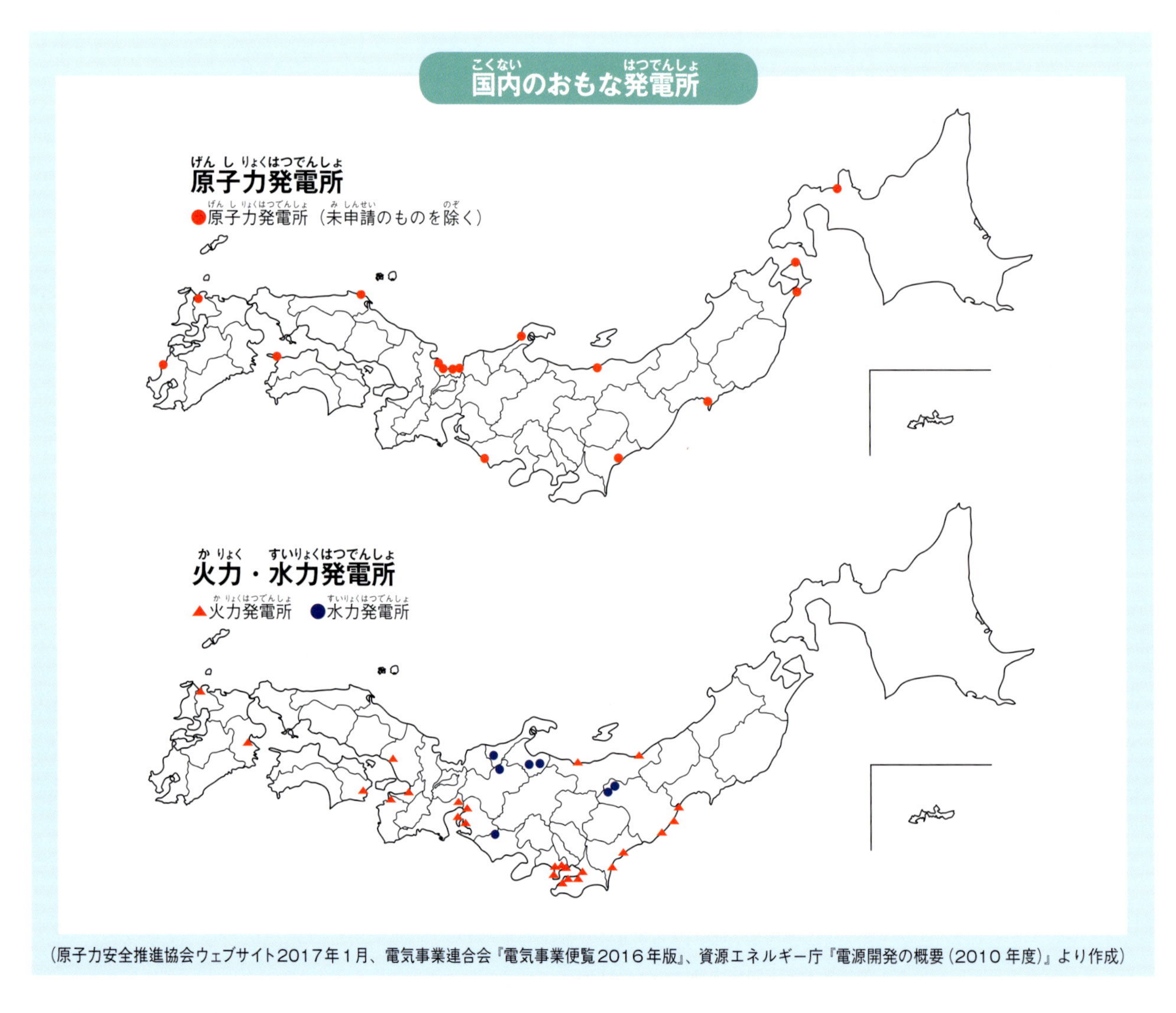

（原子力安全推進協会ウェブサイト2017年1月、電気事業連合会『電気事業便覧2016年版』、資源エネルギー庁『電源開発の概要（2010年度）』より作成）

主題図から読み取れること

➡水力発電所は、内陸部に多く立地している。
➡火力発電所と原子力発電所は、どちらも沿岸部に立地している。

複数の主題図から分析する

水力発電の多くはダムを使って電力を起こすので、水力発電所は内陸部の川の上流に建てられています。火力発電は石油、天然ガス、石炭などを燃やして発電し、燃料の多くは輸入されています。火力発電所は燃料を運び入れるのに便利、原子力発電所は蒸気を冷やすための大量の水が得られやすい、などといった理由で沿岸部に建てられています。

マユミさんは、火力発電所と原子力発電所の立地に関心をもちました。どちらも沿岸部にあります。しかし、火力発電所は東京や名古屋、大阪といった都市圏の近くにもありますが、原子力発電所はその３つの都市圏の近くにはないからです。そこで、人口が集中している地区も調べてみることにしました。次の地図は、人口が集中している地区が赤くなっています。

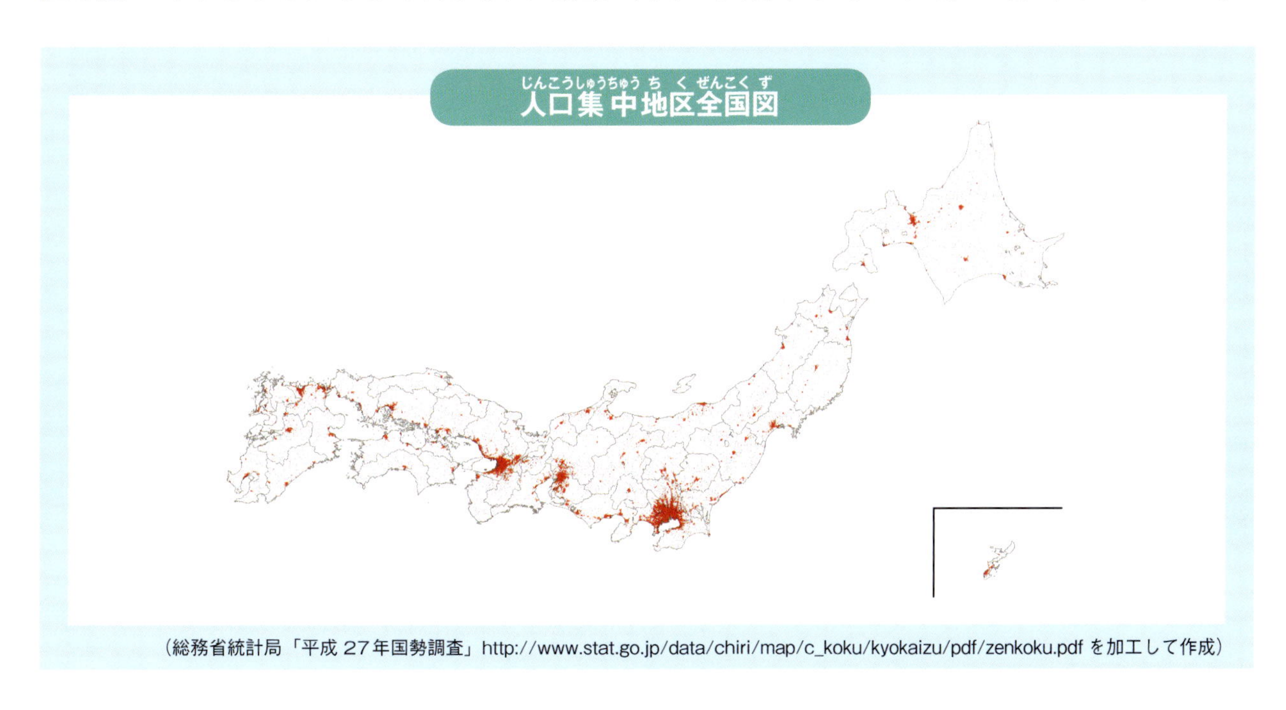

（総務省統計局「平成 27年国勢調査」http://www.stat.go.jp/data/chiri/map/c_koku/kyokaizu/pdf/zenkoku.pdf を加工して作成）

２つの主題図から読み取れること

➡火力発電所は、人口が多い地域にも立地している。
➡原子力発電所は、人口が少ない地域にしか立地していない。

マユミさんは、「発電所の立地は人口に関係しているのでは」という仮説を立てました。この仮説は正しいでしょうか。結論を出すのはまだ早いと思ったマユミさんは、原子力発電所の立地条件を調べました。すると、「地盤が安定している」「土地が安い」「地域振興に役立つ」などといった多くの観点があることがわかりました。

マユミさんはそれぞれの観点について、さらにくわしく調べることにしました。

6

地図とグラフで仮説を検証

統計データから傾向をとらえる

埼玉県に住んでいるユウヤくんは、新聞で次のような記事を読みました。

総務省は2015年「国勢調査」の結果を発表した。……都道府県別の昼夜間人口比率を見ると、東京都が117.8で最も高く、ついで大阪府の104.4、京都府の101.8だった。いっぽう、最も低かったのは埼玉県で88.9だった。

「昼夜間人口比率とは何なのか」「なぜ埼玉県が最も低いのか」疑問に思ったユウヤくんは、昼夜間人口比率について調べることにしました。

昼夜間人口比率　夜間人口に対する昼間人口の比率
昼夜間人口比率の求め方　昼間人口÷夜間人口× 100＝昼夜間人口比率

昼夜間人口比率が100より高いと昼間の人口が多く、100より低いと夜間の人口が多いことを示しています。埼玉県は88.9なので、昼間の人口比率が少ないということがわかります。逆にいうと、埼玉県の夜間の人口比率はほかと比べて高いということです。

ユウヤくんは、関東地方のほかの都県の昼夜間人口比率も調べてみました。

●関東地方の昼間人口・夜間人口・昼夜間人口比率

都道府県	昼間人口（千人）	夜間人口（千人）	昼夜間人口比率
茨城県	2843	2917	97.5
栃木県	1955	1974	99.0
群馬県	1970	1973	99.8
埼玉県	6456	7267	88.9
千葉県	5582	6223	89.7
東京都	15920	13515	117.8
神奈川県	8323	9126	91.2

（総務省統計局「平成 27 年国勢調査」）

東京都以外は、
どの県も、
100より低いな。
どうしてだろう。

統計データから主題図をつくる

ユウヤくんは、計算した昼夜間人口比率を、「100以上」「95.0以上100未満」「90.0以上95.0未満」「90.0未満」の4段階に分類し、関東地方の地図に色分けして表してみました。

こうすると、埼玉県をはじめとする比率の低い県が、比率の高い東京都を囲んでいることがよくわかります。

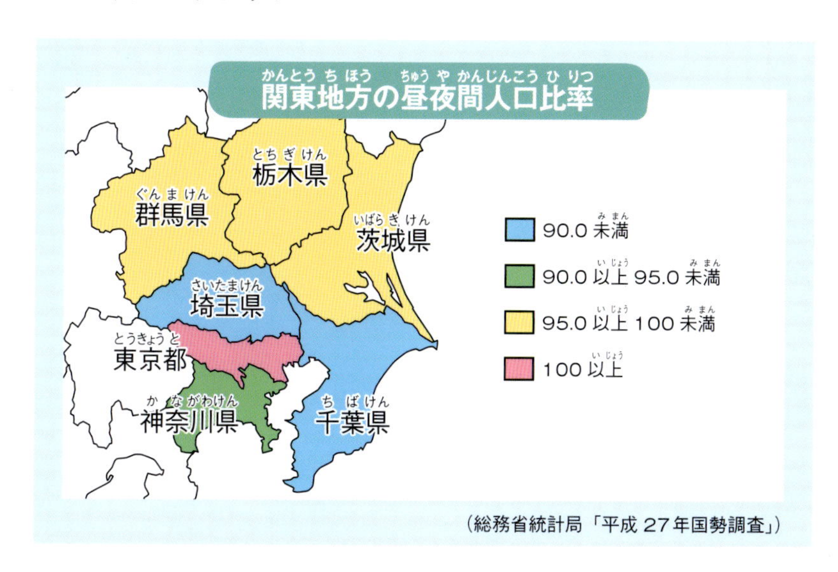

(総務省統計局「平成 27 年国勢調査」)

昼は東京都の人口が、夜は東京都のまわりの県の人口が多いのね。家はまわりの県にあるという人が多いのかしら。

仮説を立て、ほかの統計データで立証する

ユウヤくんのお父さんは、東京都にある会社に勤めています。お兄さんも、都内の大学に通っています。そこで、ユウヤくんは「東京都への通勤・通学者が多いから、埼玉県の昼夜間人口比率が低いのではないか」という仮説を立てました。

ユウヤくんは関東地方の都道府県のそれぞれの会社(事業所)数と大学数を調べました。

●関東地方の事業所数と大学数

都道府県	事業所数	大学数
茨城県	125804	9
栃木県	93428	9
群馬県	97750	13
埼玉県	264561	29
千葉県	208949	27
東京都	728710	139
神奈川県	323506	29

(総務省「平成 26 年経済センサス－基礎調査」、文部科学省「文部科学統計要覧　平成 27 年版」より作成)

これを見ると、事業所数・大学数とも、東京都が圧倒的に多いことがわかります。

ユウヤくんが立てた仮説は、どうやら正しそうです。しかし、これだけでは不十分なので、ユウヤくんは、さらに、大阪都市圏がある近畿地方や名古屋都市圏がある中部地方についても調べることにしました。ほかの都市圏と比べることで、何か新しいことが見えてくるかもしれません。

7

進む地図のデジタル化

位置情報のデジタル化

新しい「電子地形図」

情報技術がめざましく発達するなか、地図のデジタル化(電子情報化)も急速に進んでいます。国土地理院も、2012年から地形図のデジタルデータ「電子地形図25000」の提供を始めました。山の斜面にかげがついていたり、道路や鉄道も種類によって色分けされていたりするなど、より見やすくなっています。

位置情報と電子基準点

地球上の位置は、経度と緯度で表されます。経度は、イギリスの首都ロンドンを通る経線(本初子午線)を基準にしたもので、東経と西経のそれぞれ0度~180度で表されます。緯度は、赤道を基準にしたもので、北緯と南緯のそれぞれ0度~90度に分けられます。

こうした経度・緯度を測量するために設けられているのが、三角点です。地図記号は△と表されます。国土地理院が全国約10万か所に設置しています。

この経度・緯度の測量も電子情報化が進んでおり、三角点に代わる新たな測量基地として、電子基準点が導入されています。2017年時点で全国約1300か所に設置されています。

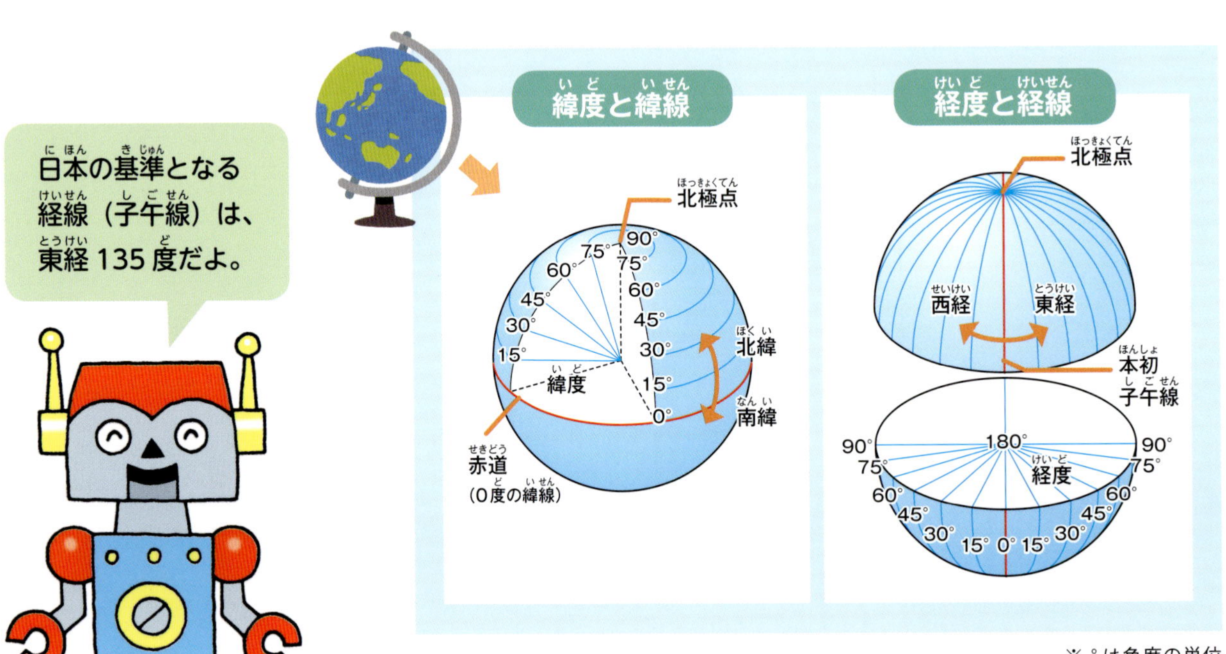

※°は角度の単位

GIS（地理情報システム）と地図のデジタル化

地図のデジタル化とともに活用が進んでいるのが、GIS（地理情報システム）です。耳慣れない用語かもしれませんが、GPS（全地球測位システム）なら聞いたことがあるでしょう。GPSは人工衛星を利用して、正確な位置情報を割り出すしくみで、電子基準点による測量にも用いられています。カーナビが道路情報を示してくれるのも、GPSが働いているからです。

このGPSによる位置情報とほかのさまざまな情報（データ）を目に見えるかたちで表示するしくみが、GISです。GISを使えば、たとえば、こんなことができます。

市区町村ごとの人口分布のデータと医療機関の分布データを重ね合わせて地図を作成します。すると、人口に比べて、医療機関の数が多いか少ないかなどを判断することができます。人口の分布をさらに年齢層に分け、施設や学校の分布データと重ね合わせると、幼児の数に比べて保育園の数が足りているかどうかといったことも判断することができます。

紙の地図は１枚ずつ独立していますが、GISを使ったデジタル地図は、ある情報を保有している層（レイヤー）がたくさん重ねられています。そのため、必要な情報の層だけを選んで、地図の上に重ねて見ることができます。

8

RESASで問題を分析

RESASとは

地方創生に向けて

みなさんが住んでいる地域は、どんな問題をかかえているでしょうか。

- **過疎化が進んで、バスや鉄道などの公共交通機関がなくなった。**
- **商店街に空き店舗が増えて、シャッター通りとよばれる状態になっている。**
- **となり町には観光客がおしよせているのに、わたしたちの町にはだれも来ない。**

これまで見てきたように、統計の最終目標は問題を解決することです。「サッカーチームを強くする」（12 ～ 13ページ）、「図書室の利用者を増やす」（40 ～ 43ページ）など身近な問題は、いくつかの統計データを読み解くことで、解決の手がかりが得られました。

しかし、地域がかかえる大きな問題を解決するためには、よりくわしい統計データが必要です。「過疎化が進んだ」といっても、「いつからどれくらいの割合で減少してきたのか」「男女比はどうなのか」などといった細かいデータがなければ、現状を知ることもできません。

「地域経済分析システム」RESAS

こうしたさまざまな統計データを利用できるツールが、「地域経済分析システム」通称「RESAS」です。RESASを使えば、地域の人口・産業・観光・医療・財政など、さまざまなデータにアクセスでき、さらにグラフ化したり地図上に表示したりすることもできます。

政府が公開しているシステムなので、ウェブサイト（https://resas.go.jp）を通して、だれでも自由に利用することができます。

RESASの目的は、
みんなの地域を
元気にすることだよ！

RESASの使い方

RESASを使って、自分のくらす地域の人口を調べてみましょう。人口の移り変わりを調べると、今後、どのように変化していくのかを予想することができます。

RESASの使い方

❶メインメニューを選ぶ

トップ画面にある「メインメニュー」から、調べたい項目を選びます。

メインメニューには、人口マップ、地域経済循環マップ、産業構造マップ、企業活動マップ、観光マップ、まちづくりマップ、雇用／医療・福祉マップ、地方財政マップがあります。

人口について調べたいので、「人口マップ」を選びましょう。

❷人口のどんなことが知りたいのかを選ぶ

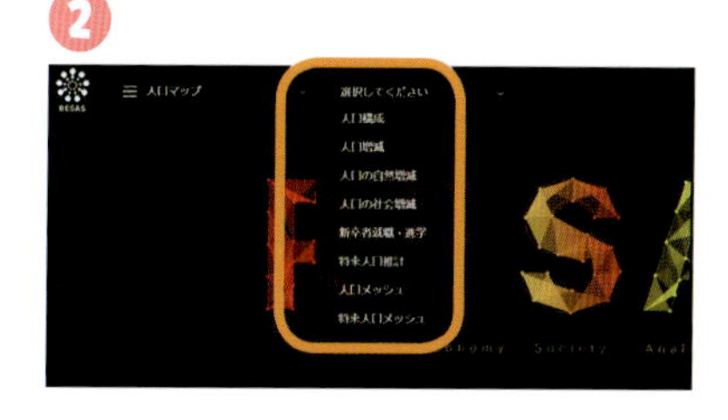

人口マップを選ぶと、「人口構成」「人口増減」などの選択画面が出てきます。

人口が増えているのか減っているのかを調べたいときは、「人口増減」を選びます。「人口増減」を選ぶと、過去から2040年までの60～80年間の人口を知ることができます。

❸どこの、いつの、情報を知りたいかを選ぶ

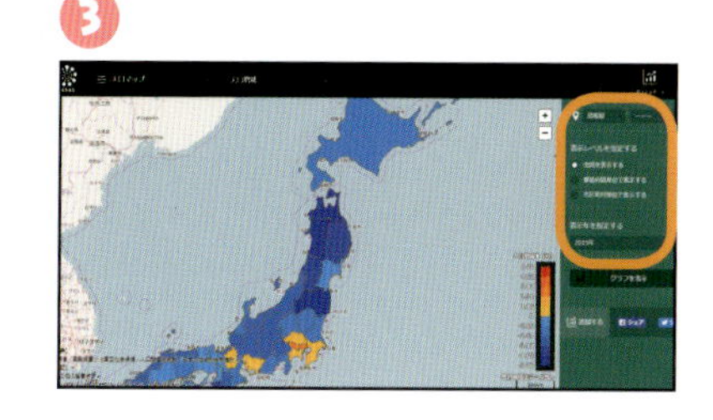

「人口増減」を選ぶと、地図が表示されます。右側で、どこの情報が知りたいのか、表示レベル、表示年を選びます。表示レベルは、どの単位（都道府県ごとなのか、市区町村ごとなのか）で知りたいのかを考えて選びましょう。

たとえば、島根県出雲市の2015年のデータを調べる場合、表示レベルは「市区町村単位」を、表示年は「2015年」を選びます。

❹色分けされた地図が表示

場所と表示レベル、表示年を選ぶと、色分けされた地図が表示されます。

❺グラフでさらにくわしく知る

「グラフを表示」を選ぶと、過去の実績値と2040年までの人口の予測をふくめた数種類のグラフが表示されます。

（内閣府「地域経済分析システム」）

※データの出典：総務省「国勢調査」、国立社会保障・人口問題研究所「日本の地域別将来推計人口」

さくいん

た

な

は

や・ら・わ

監修者紹介　**渡辺美智子**（わたなべ みちこ）
慶應義塾大学大学院健康マネジメント研究科教授。放送大学客員教授（TV「身近な統計」主任講師）。統計グラフ全国コンクール審査会委員長。専門は統計学と統計教育。2012年度日本統計学会賞受賞、2017年度科学技術分野の文部科学大臣表彰科学技術賞受賞。主な著書に『身近な統計』（共著・放送大学教育振興会）、『親子で学ぶ！ 統計学はじめて図鑑』（監修・著・日本図書センター）、『今日から役立つ 統計学の教科書』（監修・ナツメ社）など。

構成・編集・執筆　**株式会社 どりむ社**
一般図書や教育図書、絵本などの企画・編集・出版、作文通信教育『ブンブンどりむ』を行う。絵本『どのくま？』『ビズの女王さま』、単行本『楽勝！　ミラクル作文術』『いますぐ書けちゃう作文力』などを出版。『小学生のことわざ絵事典』『小学生の「都道府県」学習事典』『表・グラフのかき方事典』『アクティブ・ラーニング　調べ学習編』『アクティブ・ラーニング　学習発表編』（以上、PHP研究所）、『ぜったい算数がすきになる！』『ぜったい社会がすきになる！』（以上、フレーベル館）などの単行本も編集・制作。

イラスト　**きたむらイラストレーション**

主な参考文献（順不同）
●書籍
『今日から役立つ 統計学の教科書』（ナツメ社）、『親子で学ぶ！ 統計学はじめて図鑑』（日本図書センター）、『理系脳をきたえる！ Newtonライト　統計のきほん』（ニュートンプレス）、『ホント？　ナットク！　統計の意味がわかる』（明日香出版社）、『朝日ジュニア学習年鑑』（朝日新聞出版）、『日本のすがた 表とグラフで見る社会科資料集』（矢野恒太記念会）、『表とグラフを使おう！』（汐文社）、『ワールド・ウォッチ 地図と統計で見る世界』（丸善出版）、『RESASの教科書』（日経BP社）、『新編　新しい算数』（東京書籍）
●ウェブサイト
総務省統計局、独立行政法人統計センター、ビデオリサーチ、内閣府、国土地理院、文部科学省、津山市立図書館、幕別町図書館

統計と地図の見方・使い方
データから現象や課題と解決策をさぐろう

2018年2月6日　第1版第1刷発行

監修者　渡辺美智子
発行者　瀬津　要
発行所　株式会社ＰＨＰ研究所
東京本部　〒135-8137　江東区豊洲5-6-52
児童書出版部　☎03-3520-9635（編集）
児童書普及部　☎03-3520-9634（販売）
京都本部　〒601-8411　京都市南区西九条北ノ内町11
PHP INTERFACE　https://www.php.co.jp/
印刷所　共同印刷株式会社
製本所　東京美術紙工協業組合

ISBN978-4-569-78730-5

63P　29cm　NDC350